AF473278

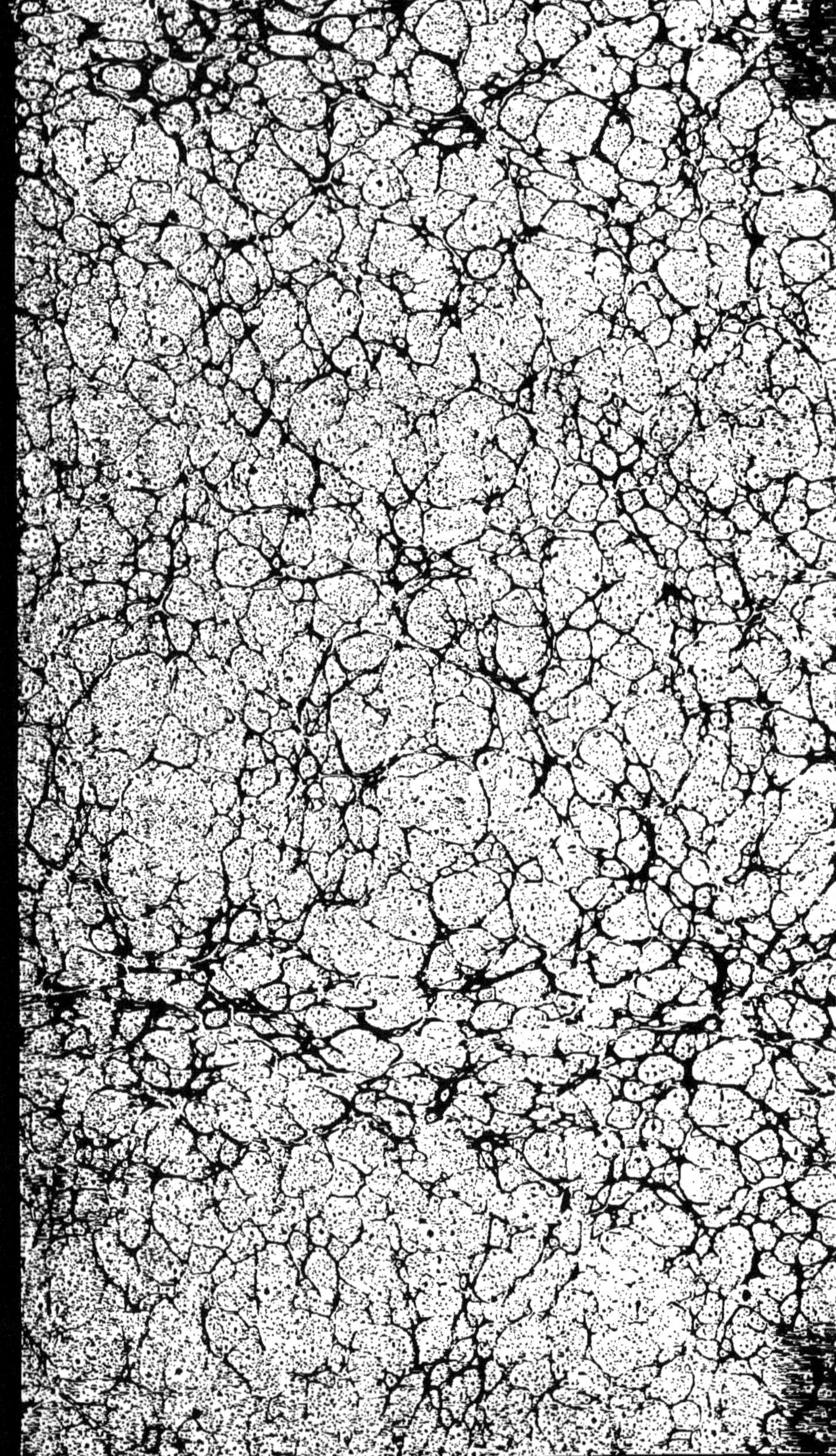

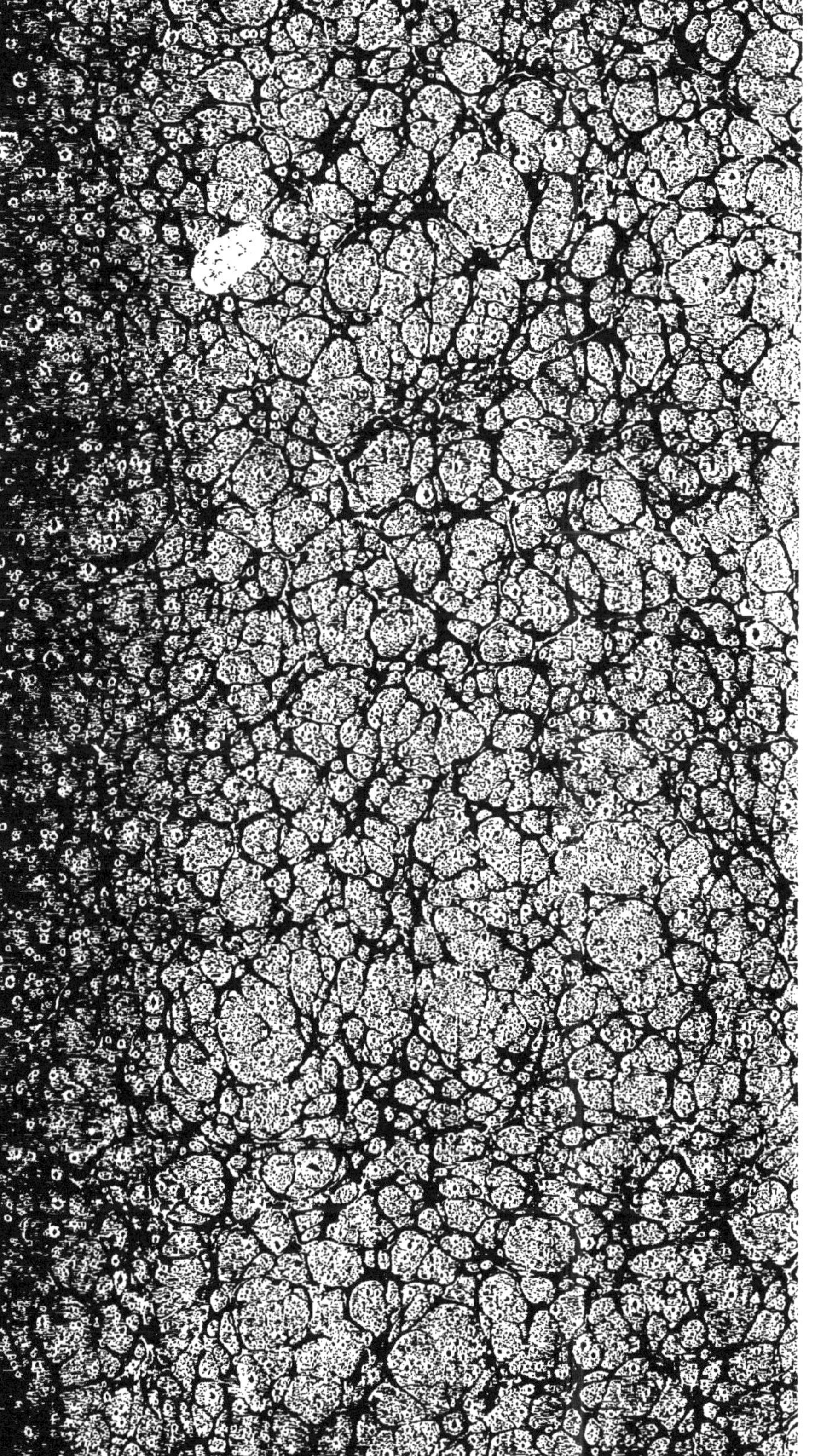

COLLECTION
DE MEMOIRES
OU
DE LETTRES

RELATIVES AUX EFFETS, SUR LES OLIVIERS, DE LA GELÉE DU 11 AU 12 JANVIER 1820.

COLLECTION DE MÉMOIRES OU DE LETTRES

RELATIVES AUX EFFETS, SUR LES OLIVIERS, DE LA GELÉE DU 11 AU 12 JANVIER 1820;

Imprimée, sur la demande du Conseil d'agriculture, par ordre de Son Excellence le Ministre de l'Intérieur, pour l'instruction des propriétaires des départemens méridionaux de la France.

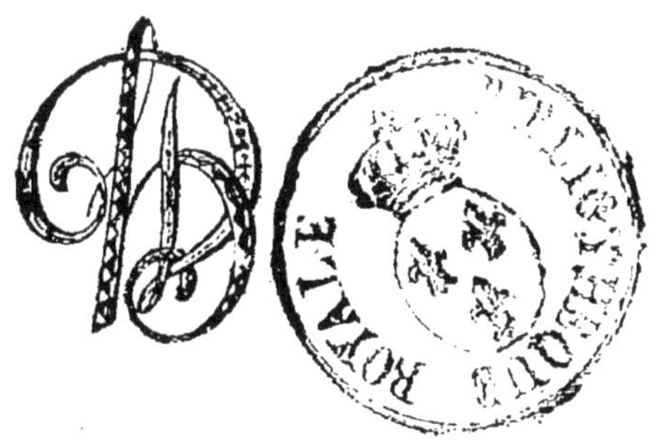

A PARIS,
DE L'IMPRIMERIE DE MADAME HUZARD
(Née VALLAT LA CHAPELLE),
Rue de l'Éperon Saint-André-des-Arts, N°. 7.

1822.

PRÉFACE.

L'OLIVIER, dont le fruit fournit la meilleure huile à manger et à fabriquer le savon, a été, dit-on, apporté à Marseille par les Phocéens, fondateurs de cette ville. Il craint également le grand chaud et le grand froid; aussi est-il circonscrit, en Europe, en Asie et en Afrique, au littoral de la Méditerranée, c'est-à-dire qu'il s'éloigne au plus de trente lieues des bords de cette mer. Il faisait la richesse de la basse Provence et du bas Languedoc lorsque les gelées de l'hiver de 1709 en frappèrent de mort la plus grande partie, et depuis il semble n'avoir pas pu se relever de cette grande catastrophe, de pareils accidens l'affectant plus fréquemment qu'autrefois.

Cet état des choses semble coïncider avec la destruction des bois qui couvraient jadis le sommet des montagnes ; aussi avait-on assuré, sans le prouver, qu'il lui était dû, d'autant plus qu'il paraît constant que la zone où l'olivier peut être cultivé avec profit se rétrécit, puisque des monumens historiques prouvent qu'on en voyait autrefois à Montélimart, même à Valence, où il n'y en a plus en ce moment; mais cette opinion n'était pas généralement admise.

Pendant la nuit du 11 au 12 janvier 1820, une gelée de 11 à 12 degrés a porté la désolation dans tous les départemens où se cultive l'olivier, c'est-à-dire a causé un désastre presque aussi grand que celui de 1709. Le Conseil d'agriculture, créé par Sa Majesté auprès du Ministre de l'Intérieur, dut prendre ce désastre en sérieuse considération, et rechercher s'il n'y avait pas moyen d'en diminuer les effets par quelques opérations de culture, et d'en rendre les retours moins fréquens, en substituant des variétés plus robustes à celles actuellement cultivées. En conséquence, à la suite de plusieurs rapports sur ces objets, et à raison de l'incertitude où l'entraînaient des opinions discordantes, il a invité SON EXCELLENCE à écrire à MM. les préfets et à MM. les correspondans du Conseil des huit départemens où se cultive l'olivier, pour les inviter à faire connaître, 1°. les effets produits sur cet arbre par la gelée du 11 au 12 janvier 1820; 2°. à indiquer les variétés qui y ont le mieux résisté; 3°. à donner leur opinion sur les causes des retours plus fréquens des malheurs du même genre.

Dix-neuf réponses ont été renvoyées au Conseil, qui m'a chargé de lui en présenter l'analyse et de lui proposer un avis, pour, après discussion et approbation, être soumis à SON EXCELLENCE.

En conformité de cet avis, SON EXCELLENCE a ordonné que mon analyse et dix des réponses de MM. les préfets et de MM. les correspondans seraient imprimés pour l'instruction des propriétaires d'oliviers, et distribués dans les départemens où se cultivent ces précieux arbres.

Sans doute la totalité des réponses était

dans le cas d'être imprimée, car il n'en est pas qui ne contienne quelques faits importans, quelques réflexions dignes d'intérêt; mais la nécessité d'entrer dans les vues d'économie de Son Excellence m'a forcé de proposer un choix, pour contre-balancer l'effet duquel je me suis plus étendu sur l'analyse des réponses dont je n'ai pas proposé l'impression.

BOSC,

Membre de l'Institut, du Conseil et de la Société royale et centrale d'agriculture.

COLLECTION

DE

MÉMOIRES OU DE LETTRES

RELATIVES AUX EFFETS, SUR LES OLIVIERS, DE LA GELÉE DU 11 AU 12 JANVIER 1820.

QUELQUES

OBSERVATIONS ET RÉFLEXIONS

SUR

LA MORTALITÉ DES OLIVIERS

DANS LE DÉPARTEMENT DU VAR EN 1820;

Par M. DE GASQUET,

Correspondant du Conseil pour le département du Var.

UNE partie du mois de novembre 1819 avait été froide dans le département du Var, on ressentit même quelques gelées modérées, favorables à la constitution de l'olivier, parce qu'elles opposent à un excès de végétation toujours dangereux pour cet arbre pendant l'hiver. Mais le temps s'étant bientôt adouci, et un vent remarquable par sa chaleur ayant même soufflé pendant plusieurs jours du mois de décembre, l'olivier continua d'être en sève, et d'avoir quelque végétation; elle se fit sur-tout remarquer sur les arbres jeunes, vigoureux et bien cultivés, sur les greffes et dans les pépinières.

Ce fut dans ces circonstances que, le 8 janvier 1820, un vent de bise assez vif vint refroidir l'atmosphère. Le 9, il tomba de la neige, mais seulement l'épaisseur de quatre ou cinq pouces (1). Le 10, le vent soufflant toujours, le froid augmenta encore jusqu'au 11, que le thermomètre de Réaumur descendit à 11 degrés au-dessous de la glace. Le 12, la température commença à s'adoucir un peu, et le 14 une pluie douce amena le dégel.

Le froid n'était pas venu d'une manière bien subite; il y avait peu d'humidité sur la terre, les arbres n'étaient nullement mouillés, et la neige n'avait pu s'arrêter sur les branches, à

---

(1) Je rends compte de ce qui s'est passé dans l'arrondissement de Draguignan, où je suis membre correspondant du Conseil d'agriculture. Du côté de Toulon, la neige tomba en quantité beaucoup plus considérable.

cause du vent. Ces circonstances firent espérer à bien des gens que les oliviers n'auraient pas éprouvé un trop grand dommage, ils ne tardèrent pas à être désabusés.

Les effets de la gelée se firent principalement remarquer par le desséchement des feuilles et des jeunes rameaux. D'autres arbres, et sur-tout ceux qui avaient souffert par d'anciennes gelées, avaient leur écorce soulevée et détachée; quelques-uns, mais en petit nombre, étaient fendus perpendiculairement dans leur tronc (1).

Quelques plantations en petit nombre, dans le département, ne furent pas aussi maltraitées. Les positions du Pujet, d'Antibes, Cannes, etc., durent cet avantage à la faveur de leurs abris, et Bargemont et autres parties froides, qui sont les dernières limites de l'olivier, conservèrent quelques arbres, principalement à cause du resserrement considérable qu'ils y éprouvent à bonne heure, par les premiers froids, et aussi

(1) Cet effet avait été très-commun lors de l'hiver de 1709. Le froid, qui dura long-temps, avec des alternatives de gel et dégel, et la neige à demi fondue, durent occasionner ces accidens violens. Cette catastrophe, qui eut également lieu en Toscane, a été très-bien décrite dans l'ouvrage de Pietro Vetturi, qui n'a pas été traduit.

un peu par l'abri des collines, qui diminuait la violence du vent glacé qu'on avait ressenti.

Quelques exemples isolés ont montré, dans le même terroir, des plantations au nord qui ont moins souffert ; non loin de là on a fait cette remarque sur des arbres à l'exposition du midi : ce n'est donc pas, suivant moi, leur position seulement qui les a préservés, mais les abris particuliers qui les protégeaient.

L'espèce qui a le plus souffert dans mon voisinage est celle appelée *gros ribié*. C'est celle qui fournit les plus grands arbres, et il y en avait qui produisaient jusqu'à 150 livres d'huile (1) (60 kilogrammes) l'année de leur récolte. Cette espèce a presque entièrement péri ; et on est d'autant plus obligé d'en venir au recepage, qu'elle craint prodigieusement la taille, et ne peut que bien difficilement se remettre lorsque l'arbre est amputé dans ses grosses branches. Celle qui a résisté le mieux est une espèce à

(1) La relation des effets du froid de 1709, conservée dans les archives de Toulon, nous prouve que les oliviers étaient bien plus gros à cette époque qu'en 1820, puisqu'elle constate qu'ils produisaient quelquefois de 4 à 500 livres d'huile par arbre, et que, l'un dans l'autre, on pouvait les compter à 150 livres.

feuilles assez longues et étroites, d'une grosseur moyenne, portant des olives presque rondes et très-charnues. Son nom local est *le partan* : je ne la trouve pas suffisamment désignée dans aucun traité de l'olivier (1). Son fruit, sujet à être piqué des vers et tombant avant sa parfaite maturité, est quelquefois confit; mais il fournit très-peu d'huile et de mauvaise qualité. Le privilége qu'il a eu, dans cette circonstance, de résister à un degré de froid qui a fait périr tous ses voisins, est dû incontestablement à sa constitution. Je l'ai remarqué dans une infinité d'expositions différentes, et presque par-tout il a résisté.

Malgré cet avantage, c'est un arbre d'un si mauvais produit, que je conseille à tous ceux qui en ont de le faire greffer en d'autres espèces.

Une autre espèce, appelée le *bécu*, dont il est fait mention dans le *Nouveau Duhamel*, ainsi que dans l'article *Olivier*, rédigé par M. *Bosc* dans le *Nouveau Dictionnaire d'agriculture*, a résisté dans son tronc et ses grosses branches. Cette circonstance, jointe à cette particularité qui le distingue, non-seulement de ne pas

(1) A moins que ce ne soit la *royale* ou *triparde*, ou une de ses sous-variétés.

craindre la taille et les fortes amputations, mais même de ne prospérer qu'au moyen d'une taille forte et fréquente, lui donne un avantage remarquable sur les autres espèces, et sur-tout par-dessus le *gros ribié*, dont nous avons signalé l'inconvénient.

Le *bécu* a, je crois, été décrit pour la première fois dans le *Nouveau Duhamel.* Je souhaiterais qu'on le désignât sous le nom d'*olivier de Lorgues*, car c'est dans ce terroir qu'il est très-répandu, et c'est, je pense, de là qu'il s'est propagé dans le voisinage. Comme cet arbre est très-remarquable par la grosseur et la forme de son fruit, qui a en outre le privilége d'être peu mangé par les oiseaux, à cause de son amertume, je suis porté à croire qu'il n'est connu et cultivé que depuis une centaine d'années : autrement, ceux qui ont écrit sur l'olivier n'auraient pas manqué d'en faire mention.

Il est au nombre des espèces ou variétés que nos cultivateurs provençaux désignent sous la dénomination générique de *plants étrangers ;* ce qui prouve que l'ancienne culture était circonscrite à ceux qui ne sont pas compris dans cette catégorie. On en doit vraisemblablement la découverte aux semis d'olives qui sont faits dans les haies et les bois par les animaux sauvages. Cela, joint à la dureté prodigieuse de son bois et à son aspect épineux et un peu sauvage, ne pourrait-il pas faire hasarder la conjecture que le *bécu* a moins souffert de la gelée, à cause qu'il est plus près d'une origine naturelle et forte, dont les autres espèces sont bien éloignées par l'habitude de ne les multiplier que par la greffe et les rejetons? Je livre cette réflexion sans y mettre aucune importance. Une autre cause me fournit le moyen d'expliquer comment cette espèce a mieux résisté au froid. Lorsque les premières gelées se font sentir dans le mois de novembre, les fruits du *bécu* en sont tellement surpris, pour peu qu'elles soient fortes, qu'ils deviennent tout ridés et semblent souvent avoir été bouillis. Il faut ensuite des temps très-doux et des pluies, pour les faire revenir à leur premier état. Cet effet, que nous apercevons évidemment dans les fruits, doit avoir lieu également dans la sève de l'arbre; c'est-à-dire que l'arrêt ou la suppression de la trop grande quantité de cette sève est précisément la circonstance la plus favorable à l'olivier pour supporter les fortes gelées.

Pour en finir sur le *bécu*, dont je ne pourrais trop vanter les avantages, je dirai que de toutes les espèces que je connais il n'en est aucune qui s'accommode plus facilement des terres les plus ingrates, et que l'arbre y prospère, même sans engrais, pourvu qu'il soit taillé fréquemment. Quelques personnes se plaindront peut-être d'être obligées d'employer souvent ce procédé, qui est coûteux; mais je ne connais que celui des engrais qui puisse le suppléer pour faire pousser de nombreux rameaux. Or, comme ce dernier moyen est pour le moins aussi coûteux et le plus souvent impraticable, l'espèce d'olivier qui, par la vigueur et la sobriété (si je puis m'exprimer ainsi) de sa constitution, peut fructifier dans de mauvais terrains sans autre soin qu'une légère culture, est à coup sûr la plus recommandable.

Le *cayon* ou *plant d'Entrecasteaux* est aussi une espèce que je signalerai, non pas autant pour résister à la gelée, qui l'a attaquée si fortement, que pour sa facilité à se réparer lorsqu'elle a subi une forte taille. Sous ce rapport, elle jouit des mêmes avantages que l'espèce précédente, et de même qu'elle, elle est assez indifférente pour le terrain. Son huile est parfaitement douce; mais son fruit, qui n'est pas gros et presque sans amertume, est la proie de presque tous les oiseaux. Les plantations de cet arbre sont celles qui, après les gelées, donnent le plus tôt des fruits quand on n'a pas hésité à les tailler vigoureusement. Les autres espèces ou variétés ne me fournissent rien d'assez particulier pour le faire entrer dans le cadre étroit où je dois me renfermer.

Ce n'est point une question oiseuse à agiter que de chercher à connaître par quelle cause a eu lieu la mort des oliviers en 1820. Ces faits sont intéressans à recueillir pour ceux qui étudient l'histoire naturelle de l'olivier, et l'agriculteur judicieux peut en tirer d'utiles leçons. Voici les causes ordinaires qui influent plus ou moins sur la vie de l'olivier : 1°. l'intensité du froid ; 2°. sa durée ; 3°. les circonstances de végétation ; 4°. des circonstances aggravantes ; 5°. la promptitude du dégel. Je vais entrer dans quelques développemens à ce sujet.

Il paraît prouvé que 10 degrés de froid au-dessous de la glace exposent presque toujours l'olivier à la mort. Cependant il n'est pas sans exemple que cet arbre ait éprouvé ce degré de froid sans y succomber ; mais il faut alors que des gelées assez fortes et d'une certaine durée aient supprimé la plus grande partie de sa sève. Mais si on fait attention que cet arbre ne mûrit son fruit qu'au milieu de l'hiver, on conviendra que la sève s'y trouve poussée par un mouvement bien naturel, puisqu'il faut qu'elle lui aide à accomplir l'acte le plus important de son existence. Lorsque l'olivier succombe à l'intensité du froid, on peut dire aussi que l'état de végétation où il se trouve y a contribué, puisque nous venons de faire voir que, par sa nature, il est presque toujours dans un état de sève assez actif.

La durée du froid expose à la mort l'olivier qui n'aurait perdu que ses rameaux, s'il n'avait été que passager. Cet effet est si aisé à expliquer que je n'en parlerai pas avec plus de détails.

Les circonstances de végétation influent singulièrement sur le plus ou moins de dommages que l'olivier reçoit par la gelée, et les dégâts qu'il éprouve si souvent dans son jeune bois y sont déterminés seulement par deux ou trois degrés de froid au-dessous de la glace. Comme il ne faut que quelques jours de temps doux et de beau soleil, ce qui est assez fréquent dans le midi de la France, pour déterminer dans l'olivier un mouvement de sève considérable, c'est ce qui fait aussi que ses rameaux sont continuellement gelés.

Les circonstances aggravantes du froid sont la neige, lorsqu'elle vient à geler sur les oliviers; le gel et le dégel; le vent, qui aiguise tellement le froid, qu'on voit souvent toute l'écorce soulevée ou détruite du côté de l'arbre où il a soufflé; ce qui fait que l'olivier ne tire plus sa subsistance que par une lanière souvent de très-peu de largeur.

La promptitude du dégel est une des causes les plus certaines de la mort des oliviers. Les physiciens expliquent facilement comment l'économie végétale se trouve dérangée par le passage trop subit d'un état atmosphérique à un autre qui lui est opposé.

Je conclurai de ce que je viens de dire que les oliviers ont dû périr en 1820 par la seule intensité du froid (1), car sa durée n'a pas été longue; les circonstances de végétation n'étaient pas bien extraordinaires, et aucun accident aggravant n'a accompagné la gelée (2).

---

(1) J'ai raconté qu'ils avaient quelque végétation avant la gelée; mais un état opposé est si rare en Provence, qu'il ne faut regarder que comme cas d'exception lorsqu'il en est autrement. Ce n'est que dans ce sens que j'émets mon opinion.

(2) On pourra objecter peut-être que je suis moi-même convenu du mauvais effet que peut produire un vent froid; mais cet effet est plutôt local; et puisque la plus grande partie des oliviers, dans le Var, ont péri dans tout ce qui

Je crois ensuite que la circonstance du prompt dégel a été d'autant plus déterminante, qu'elle aurait également suffi, même avec un degré inférieur de froid, pour faire périr l'olivier; mais malgré sa mauvaise influence, on ne peut l'accuser d'avoir fait succomber un arbre qui était déjà mort, suivant moi, lorsqu'elle est survenue. Si l'on veut se refuser à adopter mon opinion en citant les oliviers qui ont résisté, dans certaines expositions, quoiqu'il soit vraisemblable que le froid s'y soit fait ressentir à 10 ou 11 degrés, je répondrai que, dans les situations froides, les oliviers se trouvaient avoir le moins de sève possible, et j'ai expliqué comment cela pouvait arriver et combien cette circonstance est avantageuse; tout porte à croire que le froid n'a pas été aussi intense dans les endroits abrités, et au bord de la mer, où quelques oliviers ont été préservés.

La catastrophe que vient d'éprouver l'olivier a amené deux questions d'un haut intérêt.

La première est celle de savoir si la température du midi de la France est devenue, par

---

était hors de terre, cet événement ne peut être attribué au vent.

des causes quelconques, plus froide qu'autrefois; ce qui ferait craindre que l'olivier n'y courût encore plus de chances malheureuses à l'avenir.

La seconde, dont la difficulté se trouverait levée en partie par la solution de la première, consiste à savoir si l'agriculture provençale doit continuer à se livrer à une culture ingrate, qui n'avait pu se soutenir jusqu'à ce jour que par la protection du *ciel*, réunie à celle de l'administration du pays.

Si la Provence ne pouvait plus compter sur un climat tempéré, en même temps que l'olivier a éprouvé les surcharges de la contribution foncière, nul doute que sa culture ne fût peu-à-peu abandonnée. Mais cette question a déjà excité l'intérêt du Conseil d'agriculture que j'ai eu l'avantage d'en entretenir; et Son Exc. le ministre de l'intérieur a daigné l'exposer au roi dans son rapport de 1820, ce qui permet d'espérer qu'on y apportera quelque soulagement.

Il y a une infinité de propriétés dont le seul produit est en oliviers, qui restent souvent plusieurs années sans donner aucun revenu. Comment, sans injustice, exiger que les malheureux, qui souvent n'ont pas de propriétés d'un autre genre, paient l'impôt d'un revenu qu'ils n'ont pas eu ? Une industrie aussi particulière devrait être respectée par le fisc, qui n'est justement fondé à imposer que la terre qui porte l'olivier, suivant sa qualité pour porter des grains ; et il n'y a que l'impôt en nature qui puisse être perçu avec quelque équité sur des produits aussi incertains. Le système d'uniformité dans la contribution foncière a pu paraître commode aux novateurs, qui voulaient tout soumettre au même niveau ; mais s'il n'avait jamais été employé par nos anciens rois, c'est qu'ils en trouvaient l'application sujette à autant d'inconvéniens que s'ils avaient obligé tous les Français, sans égard pour leur taille, à porter des habits faits à la même mesure.

Au reste, ces questions méritent d'être traitées d'une manière spéciale, et je prends l'engagement de le faire, aussitôt que mes occupations me le permettront.

Beaucoup d'agriculteurs découragés par toutes les chances du malheur qui accablent l'olivier, par le peu de protection que le gouvernement accorde à cette culture, puisque non-seulement les huiles étrangères sont introduites, au grand détriment des nôtres, mais encore un nouvel impôt est venu accroître celui que l'olivier avait déjà payé ; beaucoup de cultivateurs, dis-je, sont disposés à renoncer à faire de nouvelles plantations d'oliviers. D'autres, moins atterrés de la catastrophe violente que nous venons d'éprouver, disent qu'il ne faut pas perdre l'espérance de voir encore prospérer l'olivier dans nos contrées, mais qu'il n'est plus besoin de pépinières, parce qu'on trouvera abondamment dans les rejetons superflus des oliviers recepés, de quoi faire de nombreuses plantations. Quelques-uns, en plus petit nombre, et je me joindrai à eux, pensent qu'il est plus à propos que jamais de former des pépinières; en voici les motifs : l'olivier est un arbre d'une végétation lente; mais rien n'a plus contribué à lui donner cette réputation que l'habitude fréquente où l'on était de ne faire les plantations qu'avec des plants arrachés au pied des vieux arbres. La rareté des plants de pépinière, que l'administration, malgré tous ses efforts n'était jamais parvenue à faire établir, était le motif de ces plantations vicieuses, où les oliviers ne réussissaient jamais qu'en partie, et lorsque de très-grands soins se trouvaient joints à des années favorables. Il y avait toujours une différence prodigieuse dans la végétation d'un olivier élevé dans une pépinière, et qu'on transplantait avec un bel empatement de racines, et celle d'un rejeton qui était adhérent à un vieux cep, d'où on était obligé de le séparer par un coup de hache : ce n'était bien souvent qu'une bouture.

Dans trois ou quatre ans d'ici, s'il ne survient pas de froids trop rigoureux, beaucoup de rejetons devront être enlevés, et ils seront bons à planter. Leur abondance en occasionnera le bas prix, et cette circonstance peut entraîner à planter bien des gens, qui compareront ce prix avec celui que pourra valoir un olivier de pépinière. La différence sera telle qu'on aura un plant de rejeton pour 25 ou 50 centimes, tout au plus; tandis qu'un olivier de pépinière ne pourra se livrer à moins de 2 francs. Il conviendrait donc que l'administration ou plutôt le gouvernement, qui y trouverait son intérêt, fournît au cultivateur de pépinière une prime d'encouragement pour chaque plant qu'il fournirait aux agriculteurs; ce qui en diminuerait le prix d'autant, et le rapprocherait un peu de celui des oliviers de rejeton.

DES EFFETS DE LA GELÉE

Sur les oliviers de l'arrondissement de Carpentras, département de Vaucluse, dans l'hiver de 1820;

Par M. WATON,

Correspondant du Conseil d'agriculture pour cet arrondissement.

IL n'est que trop vrai que l'olivier nous quitte. Bientôt cet arbre n'existera plus dans le département de Vaucluse; le climat n'est plus le même, ou plutôt le déboisement successif de nos contrées et généralement de toute l'Europe, et de l'ensemble du globe, en détruisant les forêts que l'auteur de la nature avait si heureusement disséminées, a augmenté la froidure de toutes les régions.

L'effet des abris ne put jamais être l'objet d'un doute, aussi l'usage en est général dans nos jardins: par un simple mur on fixe d'une part les rayons solaires, pour obtenir les meilleurs et les plus beaux fruits; tandis que de l'autre on arrête les influences ennemies de ces productions. Un buisson d'aubépin, *cratægus oxyacan-*

tha, ou de paliure, *rhamnus paliurus*, abrite dans nos champs un mètre ou deux de terrain, selon qu'il est plus ou moins fourni, plus ou moins épais; un bosquet garantit de la gelée blanche et des vents du nord une plus grande étendue; un bois touffu, une grande forêt, en couronnant agréablement nos montagnes, présenteraient un rideau majestueux et puissant, capable de protéger nos cantons contre les orages désastreux, contre l'âpreté des hivers, qui depuis un demi-siècle fatiguent si souvent nos contrées méridionales.

J'ai cru devoir présenter ici d'une manière succincte les aperçus les plus saillans d'un excellent ouvrage publié cette année, où l'on développe avec la plus grande force tous les maux qui doivent suivre, et qui suivent en effet, cette excessive diminution des forêts; car dans le monde physique tout se lie, tout se correspond, tout se coordonne. La destruction des objets qui ont été créés pour donner, conserver ou propager la fertilité, la chaleur et la salubrité, occasionne nécessairement des effets contraires. Ce n'est pas sans des conséquences plus ou moins funestes qu'une forêt, qu'un massif de bois, que des bouquets d'arbres, que des arbres isolés, disparaissent d'un site agricole; et vraisemblablement ces grands abattis des forêts, des avenues, des arbres antiques et solitaires, qui ont commencé sous Louis XIV, et qui ont marqué d'une manière si désastreuse la fin du siècle qui vient de s'écouler, sont la seule, l'unique cause du rétrécissement successif de la culture de l'olivier, parce que la destruction des arbres, en favorisant l'augmentation des glaces du pôle boréal et de tous les glaciers de nos hautes montagnes, a amené le refroidissement de toutes les zones.

La Société d'agriculture de Marseille disait en 1803 : « Depuis long-temps notre climat est » totalement changé, nos hivers plus rigou- » reux, nos étés plus secs, etc.; c'est depuis les » défrichemens que notre climat est devenu si » ingrat, notre sol si infertile. La destruction » des arbres est funeste à l'agriculture, et par- » ticulièrement aux oliviers, déjà presque per- » dus dans nos belles contrées. »

Au commencement du siècle actuel, les tristes restes des oliviers du département de Vaucluse languissaient sous les attaques redoublées de divers insectes qui rongeaient la souche, les jeunes branches et les feuilles, et tout semblait faire craindre que ces faibles, mais puissans ennemis, n'achevassent de les détruire. Cependant depuis quelques années ces arbres avaient été assez heureux pour s'en débarrasser, et nos vergers, relégués sur quelques points abrités par des coteaux plus heureusement situés à cet égard que le reste du territoire, semblaient reprendre leur antique énergie : ils nous promettaient les plus heureuses récoltes, lorsque l'hiver désastreux de 1819 à 1820 vint anéantir en un instant toutes ces belles espérances.

Il est bon de remarquer ici, toutes choses égales d'ailleurs, que les oliviers jeunes, beaux, bien soignés, bien fumés et le mieux taillés, ont plus à craindre d'un hiver rigoureux; mais aussi donnent-ils plus de fruits : *Paourédé bos et riché d'oli*, tel est le dictum de nos cultivateurs. En effet l'abondance de l'huile est due à la taille bien entendue, autant qu'à la multiplication des oliviers; et si les ébranchemens ruinent ces arbres, la taille fréquente des rameaux les conserve et les rend fertiles : moins on les taille, moins ils produisent, et si on ne les taillait plus, à peine aurait-on quelques olives.

Ces arbres donnent du fruit tous les ans, mais sur deux années il y en a une beaucoup plus forte : on la désigne ici sous le nom de *tour*. Si un olivier qui vient de donner une récolte abondante, essuie aussitôt après un hiver rigoureux, il ne peut guère y résister. Dans les vergers ensemencés, les jeunes arbres sur-tout sont beaucoup plus susceptibles de ressentir l'influence d'une pareille saison; enfin si l'été est sec et l'automne pluvieux, un moindre degré de froid peut les faire périr : tandis que si cette dernière saison est sèche, ils ont moins à redouter d'un froid plus élevé.

Cet arbre toujours couvert de feuilles, est par conséquent toujours en sève, et cet état lui fait craindre plus particulièrement la gelée. Aussi toutes les circonstances qui tendent à augmenter, à renforcer le mouvement des sucs, doivent le rendre plus susceptible d'une impression fâcheuse; ce qui me paraît suffisamment expliquer pourquoi les variétés les moins productives, pourquoi les arbres les plus négligés ont mieux résisté à cet hiver désastreux. Ce fait est aussi consigné dans le mémoire couronné de M. *Laure*, membre de la Société d'agriculture du Var, imprimé en 1820 sous ce titre, *Régénération des oliviers atteints par la gelée.* « C'est encore, » dit-il, à une végétation moins avancée, que les » oliviers peu soignés et ceux des coteaux arides, » souffrans et peu chargés de feuillage, ont dû

» de n'avoir pas autant souffert que les oliviers
» d'autres quartiers plus ou moins élevés, mais
» plus fertiles et mieux cultivés. On ne saurait
» douter que la végétation de ceux-ci ne fût
» plus avancée, puisqu'on les voit chaque année
» montrer et développer leurs fleurs quinze jours
» plus tôt que ceux-là. »

Tant que les oliviers sont bien secs, ils supportent sans souffrir une gelée assez forte, tandis que la moindre humidité suivie d'une faible gelée leur est presque toujours fatale. Si les vents de nord soufflent avec quelque force pendant toute la durée du froid, et que ces arbres n'aient point été préalablement mouillés par la pluie, la neige ou le verglas, il est rare qu'ils aient quelque chose à craindre : ils viennent de périr dans nos contrées par un coup de vent de sud, lequel nous donna de l'humide, qui fut bientôt congelé sur les arbres : on en a vu qui n'avaient souffert que dans cette exposition, tandis que le reste de l'arbre était intact.

La variété connue dans nos cantons sous le nom de *verdaou* ou *verdale*, est celle que l'on cultive généralement (*olea fructu subrotundo atro virente*). On la taille fortement, parce qu'elle travaille continuellement, et qu'elle pousse une multitude de rameaux ; elle donne aussi beaucoup de fruits, et l'huile qui en découle est de bonne qualité, mais elle craint beaucoup la gelée. Lorsqu'elle était greffée sur celle qu'on appelle ici *poumaou* (*olea silvestris hispanica*) elle a mieux résisté. Le *poumaou* non greffé se taille peu : il a fort bien soutenu les rigueurs du temps; mais il ne donne qu'une petite quantité de fruit, encore est-il d'une qualité inférieure.

Peut-être l'espèce dite *longuettou negre* (*olea minor oblonga rubro nigricans*) qu'on voit dans des communes voisines appartenant à l'arrondissement d'Orange, Sablet, Gigondas, craint-elle encore moins le froid ; car en allant, en 1820, à cette dernière commune, j'aperçus en approchant bon nombre d'arbres chargés d'olives et qui n'avaient presque point souffert.

Au surplus, la sécheresse excessive et les fortes chaleurs de l'été de 1820 ont fait un mal infini à nos oliviers en leur portant en quelque sorte le dernier coup. Grand nombre d'entre eux dont les branches présentaient de nouvelles pousses de la plus belle venue, les ont perdues par suite de ce manque d'humidité, qui a exercé la plus fâcheuse influence sur tous ceux qui étaient encore verts, mais dont la végétation n'était pas précisement bien active; tandis que si nous avions eu un été pluvieux, ils auraient vraisemblablement repris toutes leurs forces.

M. Laure, dans l'ouvrage que j'ai déjà cité, a fait à-peu-près la même observation, qu'il énonce ainsi : « De plus, les grandes chaleurs de ce mois » de juillet et l'extrême sécheresse de cet été, » donnent des craintes pour les oliviers qui of- » frent encore des rameaux verts, mais dont la » végétation est languissante : puissent ces » craintes ne pas se réaliser ! »

On cultive encore dans notre arrondissement les variétés suivantes : *petit negroun* (*solea minor subrotunda rubro nigricans*), *pounchudou* (*olea fructu oblongo atrovirente*), *pécholine* (*olea fructu oblongo minori*), *courniaou* (*olea media oblonga fructu corni*), *rougettou* (*olea minor rotunda ex rubro et nigro variegata*); mais je ne pense pas qu'elles y soient en assez grande quantité pour mériter une attention particulière, d'autant mieux que les unes donnent fort peu de fruits, tandis que les autres fournissent une huile médiocre.

Au surplus, les faits que j'ai recueillis appartiennent sur-tout au territoire de Carpentras. Aux approches de la récolte prochaine, en parcourant les communes de l'arrondissement, je m'assurerai de l'exactitude de la synonymie que j'ai énoncée ; je saurai si quelque autre variété est cultivée dans nos cantons ; j'observerai avec soin l'état des arbres qui, par suite de ce mémorable et malheureux hiver, auraient été taillés, coupés ou recepés à telle ou telle époque : ce qui fera l'objet d'une nouvelle note.

ESSAI

SUR LA GELÉE DE 1820 ET SUR LES MOYENS D'EN ATTÉNUER LES EFFETS SUR LES OLIVIERS;

Par M. Stanislas DE BELLEVAL,

Correspondant du Conseil royal d'agriculture à Aix, département des Bouches-du-Rhône.

Olea prima omnium arborum est.
COLUMELLE, liv. V, chap. VII.

PREMIÈRE PARTIE.

Des effets de la gelée de 1820 *sur les oliviers.*

LE froid de 1820 a été aussi subit que rigoureux. Malgré son peu de durée, l'action que sa violence a exercée sur les oliviers a été meurtrière, et ses effets terribles, par la mortalité plus ou moins générale de ces arbres, dont l'existence nous est précieuse à tant d'égards.

Cependant les ravages du froid n'ont pas frappé également par-tout, et il a été, dans l'arrondissement d'Aix, plus ou moins funeste à l'olivier selon les espèces ou variétés qu'il a offertes à ses coups, et selon les localités, autant qu'elles ont pu aggraver ou atténuer l'influence pernicieuse de son impression : telle sera la division de cette première partie.

§ Ier.

Les principales variétés que l'on cultive dans l'arrondissement sont au nombre de sept. Il est rare qu'elles se trouvent réunies dans un seul quartier et souvent même dans un seul terroir; car la culture d'une variété peut être affectée à un canton, et remplacée ailleurs par une autre, différente en qualité et en propriété. Ceci est d'autant plus vrai, que l'influence du climat, la nature du sol, les avantages qui peuvent en résulter pour le cultivateur, et même l'éloignement plus ou moins prolongé de la mer, nécessitent le choix de telle variété, qui ne pourrait prospérer, ou si elle le pouvait, qui ne saurait produire dans un autre. Aussi n'est-ce guère que dans les territoires des communes limitrophes de l'étang de Berre, que l'on rencontre presque toutes ces variétés, à cause des diverses localités que leur immense étendue peut offrir à la culture de quelques-unes d'entre elles. Nous allons les examiner chacune en particulier, et nous ferons connaître la part qu'elles ont eue dans la mortalité de 1820.

1. L'olivier sauvage, autrement dit *olivâtre, sauvageon, saugin, pétoulier,* etc., provient des olives perdues ou disséminées par les oiseaux: on recherche beaucoup les chevilles ou attaches (accrus) de l'olivâtre. La raison, qui est facile à saisir, est que ces plants sont parfaitement sains, et que leur reprise est toujours assurée; on les greffe ensuite en *salonen* ou en *aglandau.*

Cet olivier, qui aime à être placé dans les sols secs et sablonneux, a eu beaucoup à souffrir de la mortalité; les seuls qui aient échappé ont été ceux qui étaient abandonnés à eux-mêmes et dans un état buissonneux qui ne donnait aucune prise au froid.

2. Le *saurin, plant d'Istres, picholine*, a été universellement le seul qui ait affronté le froid, et qui ait su résister à ses attaques. Il mérite, sous ce rapport, que j'entre dans quelques détails à son égard.

Cette variété est celle qui est la plus tardive à prendre son accroissement, et dont la durée est par cela même la plus prolongée. C'est d'elle dont on peut dire avec Pline, *quâdam æternitate consenescit,* puisqu'il existe encore dans le terroir d'Istres quelques-uns des saurins qui ont échappé au froid de 1709.

Placé sur le bord de la mer, le saurin récompense avec largesse l'agriculteur dans les soins qu'il lui prodigue, et lui fait chérir sa culture. Il aime tellement le voisinage de la Méditerranée et son influence est si nécessaire à sa fructification, que c'est en vain qu'il fleurit dans les lieux où ses émanations ne peuvent se faire sentir. Sa culture, qui ne saurait être trop répandue, y a toujours été inutilement tentée, et ces essais n'ont servi qu'à convaincre de plus en plus que cet arbre ne peut fructifier hors des limites que la nature lui a assignées. Cette assertion est d'autant plus incontestable, que j'en pourrais fournir une infinité de preuves et que je puis l'attester en outre par des expériences qui me sont personnelles. A Belleval, où j'ai quelques saurins et où je ne suis distant que d'une lieue de l'étang de Berre, je n'ai jamais pu voir ces arbres chargés de fruits. La grosseur de leur tronc et la circonférence que leur branchage occupe font présumer qu'ils pourraient donner séparément et donneraient en effet dans un lieu plus propice de 10 à 12 décalitres d'olives, tandis qu'ils ne m'en rendent pas un. Cette minime récolte, qui est loin de se reproduire tous les ans, n'a lieu encore que lorsque quelque vent du sud ou de l'est souffle, et qu'il apporte jusqu'à eux les émanations de la mer pendant l'acte de la fructification (1).

La récolte vraiment extraordinaire que cette même variété d'olivier a donnée l'an dernier, dans toutes les expositions et situations où ces arbres ont pu se trouver, ne peut présenter une exception à cette règle, et j'en découvre la solution dans les suites de la mortalité elle-même.

Quoique le saurin ait résisté au froid de 1820, quoique aucun individu de cette variété n'ait péri (ou du moins ils sont en très-petit nombre, et ceux-là mêmes n'ont dû la cessation de leur existence qu'aux accidens qui ont hâté leur ruine et concouru à leur destruction); quoique, dis-je, aucun individu n'ait péri par l'effet du froid, il n'est pas moins avéré que la mortalité a causé une influence nuisible, ou a eu une

---

(1) Ce n'est donc pas la somme de chaleur qui manque aux saurins placés dans des localités privilégiées pour les obliger de fructifier, mais bien les émanations maritimes; car plusieurs oliviers de cette variété ne cessent de donner des fleurs et des fruits, quoiqu'ils soient dans des expositions boréales, et plus élevés au-dessus du niveau de la mer que les précédens, par cela même qu'ils sont plus à portée d'en recevoir les influences salutaires.

impression malfaisante à cet arbre ; et c'est cet état de souffrance ou de maladie qui a obligé l'arbre, tout faible qu'il était, de nouer son fruit et de fructifier. En effet, tant que les principes aériens ont suffi pour le développement et la nourriture du fruit, l'olive a été belle et pulpeuse ; mais lorsque la maturité s'est approchée, l'arbre, dans sa faiblesse extrême, n'a pu venir à son secours, il n'a pu faire pour elle ce dont lui-même avait besoin. Aussi l'olive ne pouvant acquérir sa grosseur complète, et même mûrir, a dépéri ; elle s'est ridée et n'a présenté, au lieu de sa pulpe ordinaire, qu'une peau collée contre le noyau et sans aucune substance charnue. L'huile qui est provenue de la trituration est grasse et puante, et n'a jamais pu se dépouiller entièrement, tandis que la même huile, récoltée et fabriquée en temps ordinaire, s'épure très-facilement et est bonne sur-tout dans les terrains argilo-calcaires.

La raison que je donne sur cette récolte étonnante est d'autant plus vraisemblable que, lorsqu'on greffe en écusson un olivier quelconque, on coupe d'une manière circulaire l'écorce et l'aubier jusqu'au bois, à un décimètre en sus de la greffe. Cette opération, qui arrête l'ascension de la sève, force l'arbre de nouer et de se charger de fruits : il en est de même pour les chênes verts lorsqu'on les écorce pour le tan. La sève, qui est alors en pleine activité, est la cause de la récolte magnifique de glands qui se fait sur ces arbres, si on les laisse subsister.

Le saurin aime à être placé dans une terre forte, substantielle et un peu humide. Sa vigueur et ses productions sont d'ailleurs dépendantes du fonds où il végète; car, quoique prospérant dans toutes sortes de terrains, c'est en vain qu'il y fleurira, et ces belles apparences s'évanouiront, si, pendant les sécheresses, on ne peut le secourir par des arrosemens suffisans. Heureux donc ceux qui peuvent arroser en temps utile, puisqu'à la floraison ils peuvent préjuger de la récolte et en déterminer le produit!

La taille du saurin mérite qu'on y apporte la plus scrupuleuse surveillance, parce qu'elle influe singulièrement sur la beauté de sa tenue et sur l'abondance de ses récoltes.

La circonscription de la culture de cet arbre a pour limites l'étendue des communes placées sur le bord de la Méditerranée et sur les côtes de l'étang de Berre. C'est que là l'on peut admirer l'orgueil de sa végétation, et la résistance victorieuse qu'il a su opposer à la violence du froid.

3. Le *plant de Salon, salonen, bouteillan*, etc., est une variété qui est généralement cultivée dans l'arrondissement. Ses récoltes sont toujours satisfaisantes, et son fruit rend beaucoup d'huile, qui est toutefois d'une qualité assez commune.

Ce plant réussit dans toutes sortes de terrains, et de préférence dans un bon fonds. Il souffre volontiers l'arrosement, qui, donné à propos, assure sa récolte dans la longueur des sécheresses.

Il est très-gourmand d'engrais; mais on y supplée par une culture, qui s'agrandit journellement et qui ne peut être trop applaudie. On sème dans l'olivet, vers la Saint-Michel, de la vesce d'hiver, que l'on fauche en fin mai lorsqu'elle est en pleine floraison. Cette coupe est enfouie de suite dans les conques ou trous circulaires que l'on forme au pied des oliviers. Un arrosement que l'on donne immédiatement après cette opération, et qui est indispensable pour sa réussite, active la fermentation des plantes enfouies en vert, et donne à l'arbre un état de vigueur incroyable, et fait abonder ses produits.

La taille bisannuelle qu'on lui fait subir ne doit pas être aussi forte que sur le saurin, par la raison que ses récoltes étant annuelles, il ne s'épuise pas à porter du fruit pour se reposer ensuite pendant deux ou trois ans. Néanmoins, lorsque ces oliviers sont à la portée des arrosemens, l'on peut être plus sévère dans son exécution.

Ce plant se greffe ordinairement sur l'olivâtre et quelquefois sur le saurin. Cette dernière méthode est très-louable, et mérite de recevoir plus d'extension, sur-tout dans les localités où l'éloignement de la mer met un obstacle invincible à la fructification du saurin. Elle a lieu principalement dans les endroits où le sol est humide, parce que le saurin, qui sait y résister, assure la réussite de ce plant, qui serait dans le cas contraire fort douteuse. En effet, le salonen, greffé sur franc ou sur toute autre variété, est souvent infesté de la mouffe, qui l'entraîne dans un dépérissement mortel, et qui pourrait empoisonner les arbres voisins, si l'on ne se hâtait de prévenir la contagion. Echappé à ce péril, il y est toujours chagriné et mutilé par les verrues qu'occasionnent des vers qui attaquent les jeunes branches, et rendent l'écorce galeuse et pleine d'excroissances, par l'interruption qu'ils apportent au cours de la sève et l'extravasation de ses sucs, qu'ils nécessitent par leurs piqûres.

L'on doit également greffer le salonen sur le saurin, attendu la densité du bois de ce dernier et la plus grande résistance qu'il offre aux gelées, puisque tous ceux qui étaient ainsi greffés ont échappé au froid de 1820. Quant aux autres, c'est-à-dire à ceux greffés sur franc, la mortalité ne les a pas épargnés, et n'a excepté que ceux qui étaient dans de gros fonds et qui pouvaient étendre les racines à leur aise.

4. *L'aglandau, cayanne, plant de la Fare*, est une variété d'une grandeur médiocre, qui se distingue facilement des autres par le vert de ses feuilles, qui est plus tendre. L'adhérence de son fruit à l'arbre serait un avantage qui intéresserait en sa faveur dans un pays aussi maltraité par les vents, si la fécondité annuelle de ce plant et la qualité, justement appréciée, de son huile n'en recommandaient déjà la culture.

Presque toutes les variétés d'oliviers que nous cultivons, mais particulièrement celle-ci, produisent quelques petites olives disposées en grappes, au nombre de quatre, cinq ou six, et quelquefois plus, grosses comme des pois, devenant brunes ou noires dans leur maturité; elles sont nommées dans le pays *automnades*. Cette surabondance de fructification est due aux pluies qui viennent parfois rafraîchir l'arbre pendant les ardeurs de la canicule. Ces automnades, assez peu estimés, sont souvent en très-petit nombre; mais ils sont d'autant plus abondans que l'arbre, après avoir souffert dans le printemps, est ensuite humecté par quelque pluie bienfaisante dans le courant de juillet ou d'août.

Cet arbre se trouve très-répandu dans tout le vallon de la Fare, Coudoux, etc., et le mérite sous tous les rapports. Possesseur d'une terre silico-calcaire, il y prospère pour l'avantage des cultivateurs, et leur fournit des récoltes d'autant plus abondantes, que les produits en sont supérieurs par leur qualité.

Malgré qu'il réussisse dans les terrains secs, sa taille ne doit pas être négligée, et l'on est étonné et satisfait tout-à-la-fois de voir la manière entendue et soigneuse dont les cultivateurs de ce canton usent dans une opération aussi essentielle, et les soins minutieux dont ils savent embellir sa culture.

L'aglandau serait encore plus précieux s'il ne souffrait pas autant des gelées. Mais ne prospérant que dans les terres légères et calcaires, qui se laissent facilement échauffer durant le cours d'une automne chaude et humide, sa végétation trop brusque et trop précoce l'entraîne dans une espèce d'engourdissement de ses principes vitaux, qui lui devient d'autant plus funeste que le froid a été plus intense. Aussi a-t-il beaucoup souffert de la mortalité de 1820, dont sa précocité l'a rendu victime. Si ces défauts peuvent être excusables, la rapidité de son accroissement et la promptitude qu'il met à fructifier suffisent pour les pallier. Cependant l'aglandau peut résister à quelques gelées qui affligent parfois les agriculteurs par des mortalités partielles; et les soins qu'ils peuvent lui administrer sont à la portée de tous, comme nous le verrons plus bas.

5. Le *plant d'Eyguières, pounchudo, vermillau*, est une variété qui donne une olive grosse, pointue et tachetée de blanc sur un fond excessivement vert. Les pousses de cet arbre sont longues, et ses rameaux, qui sont écartés et allongés, sont légèrement inclinés. Toutes ces particularités le font facilement distinguer, s'il ne l'était déjà par des qualités plus utiles.

Ce plant, cultivé dans les terres arides, légères et calcaires du terroir d'Aix et des communes circonvoisines, où il est très-commun, y donne des productions faibles, mais dont la qualité superfine soutient et accroît la renommée des huiles dites d'Aix; tandis que sur les côtes maritimes, où sa culture commence à être répandue, la vigueur de sa végétation et le surcroît des produits qu'il donne rendent plus excusable l'infériorité que son huile y a prise.

Le plant d'Eyguières, qui a assez généralement résisté, dans ces contrées, au froid de 1820, a été beaucoup endommagé à Aix. La différence du froid et des localités a dû nécessairement y influer.

6. Le *plant d'Aix*, *tripardo*, *couyasse*, est une variété qui est répandue dans les terroirs de Pelissanne, Lançon, etc. Elle n'est pas connue sur nos côtes, où elle ne mérite pas de l'être, car son huile, outre qu'elle dépose beaucoup de crasse, est d'une qualité fort médiocre.

La mortalité de ce plant a été générale.

7. La *barralenque* ou *olivière* est une variété qui se rapproche du plant de Salon. Elle est commune dans le terroir d'Aix et dans ses alentours, et a partagé, dans cette mortalité, le sort terrible des précédentes.

Telle est l'énumération des principales variétés que nous cultivons dans l'arrondissement. On a dû remarquer que le saurin a été celle qui a le plus résisté au froid. Cet arbre est essentiellement maritime, et sa culture n'est avantageuse que sur le littoral de la mer. Quant aux autres variétés, quoique leur fructification soit moins sensible à cette influence, et que leur culture s'enfonce dans l'intérieur des terres, ces émanations maritimes sont tellement nécessaires à leur végétation et inhérentes à leur existence, que les oliviers commencent à dégénérer dès le premier pas qu'ils font dans les terres (1), et qu'ils dépérissent ensuite à plus de 20 lieues de la mer, malgré les accords les plus heureux pour leur végétation. Ce *nec plus ultrà* de leur culture est donc invariable, et ce serait en vain

(1) Théophraste et divers auteurs ont fixé la distance de la mer au-delà de laquelle l'olivier ne pouvait prospérer. Bernardin de Saint-Pierre, qui a si bien observé la nature, nous dit dans ses *Études*, que « l'olivier, qui » aime tant les rivages de la mer, dégénère à mesure qu'il » s'en éloigne ». Il ajoute plus bas : « Le voisinage de la » mer, l'influence de ses vents sont tellement nécessaires » à la végétation de beaucoup de plantes, que plusieurs » d'entre elles refusent de croître dans l'intérieur des » terres. Tel est entre autres l'olivier, que l'on n'a jamais » pu faire venir dans l'intérieur de l'Asie et de l'Amé» rique, quoique la latitude lui soit d'ailleurs favorable. » J'ai remarqué même qu'il ne donne pas de fruits dans » les îles et sur les rivages où il est à l'abri des vents de » mer. J'attribue à cette cause la stérilité de ceux qu'on » a plantés à l'Ile de France sur son rivage occidental, » qui est abrité des vents d'est par une chaîne de mon» tagnes. »

que l'homme voudrait outre-passer les bornes que la nature a elle-même assignées à l'olivier (1).

§ II.

Après avoir indiqué la résistance qu'a pu offrir chaque variété d'oliviers, il nous convient actuellement d'examiner les différences plus ou moins sensibles que les localités ont dû nécessairement entraîner dans la mortalité de 1820. Ces diverses contrariétés que l'olivier a éprouvées dans sa culture reconnaissent pour causes le froid plus ou moins intense, la qualité de la terre, l'exposition plus ou moins abritée, et la situation où a pu se trouver l'arbre lors de l'atteinte aussi subite que meurtrière du froid. Ce sera le sujet de quatre numéros.

Différence du froid.

Ecoutons la Société académique d'Aix, nous trouverons dans son *Avis aux agriculteurs* des

(1) Arthur Young a déterminé, dans son *Voyage en France*, la ligne où cesse la culture de l'olivier. Cette division, dit-il, ne paraît pas accidentelle, puisqu'elle a été le résultat d'un grand nombre d'expériences, par la diminution de culture de ces plantes avant de les perdre entièrement de vue.

détails trop intéressans pour souffrir une analyse.

« Depuis l'automne de 1819, la température » avait été très-douce jusqu'au 7 janvier 1820. » Le lendemain 8, la bise refroidit l'atmosphère; » le 9 au matin, la neige, qui avait commencé à » tomber dans la nuit, ne cessa qu'après avoir » couvert la terre d'une couche de quatre à cinq » pouces d'épaisseur. La bise froide se renforça » de jour en jour, et le 11, le thermomètre de » Réaumur descendit jusqu'à onze degrés au-» dessous de zéro. Le 12, la température s'a-» doucit très-peu; le 13, le froid diminua encore; » enfin, le 14, le vent du sud amena une pluie » douce qui dura près de vingt-quatre heures et » fit disparaître la neige et la glace; le 16, il » n'en restait presque plus de vestiges. Ce fut » alors que l'on reconnut les effets meurtriers » de l'intensité du froid sur les arbres de toutes » espèces : ils y ont été d'autant plus sensibles » avec les temps doux qui régnaient, qu'après » trois années consécutives de la plus grande » sécheresse, nous avions eu, dans l'automne » dernière, des pluies abondantes et continues, » qui avaient favorisé le développement d'une » infinité de bourgeons d'autant plus suscep-

» tibles des impressions du froid que la sève qui » les abreuvait était plus aqueuse.

» Dans cette fâcheuse conjoncture, les oliviers, » étant les arbres les plus précieux de cet ar» rondissement, doivent mériter toute notre » attention : ils ne paraissent point avoir été » aussi maltraités cette année qu'en 1789 ; les » feuilles et le menu bois seulement ont le plus » souffert, et il a été généralement reconnu que » les racines sont intactes comme le gros bois, » la neige ayant empêché la gelée de pénétrer » dans l'intérieur de la terre. »

Les suites de la gelée ont été bien plus affreuses encore que la Société d'Aix ne l'avait présumé lors de la publication de son avis. Aucun olivier n'a pu résister dans toute l'étendue de son terroir à l'action meurtrière de ses effets, et tous ont péri, même ceux qui avaient échappé à la mortalité de 1789.

Le froid, qui est toujours plus intense dans l'intérieur des terres que sur les bords de la mer, a porté diversement ses coups et rendu ses effets diversement sensibles sur l'olivier : aussi méritent-ils d'être décrits.

A Aix, la neige qui était tombée a empêché la terre de se geler, et a garanti les racines de l'olivier : le tronc et les branches de cet arbre ont été les seuls exposés à la gelée, et les seuls à en ressentir les effets. Le dégel subit qui s'est opéré dans la journée du 12 lui a été funeste, et l'arbre, dans tout l'éclat de sa végétation, a fini par succomber : les racines qui n'avaient reçu aucune impression du froid ont jeté des pousses aux premières annonces du printemps, et elles ont été d'autant plus belles qu'elles n'en avaient éprouvé aucune atteinte.

A Istres, au contraire, quoique le voisinage de la mer tempérât sa violence, et que la neige fût remplacée par la pluie, le froid y fut néanmoins trop vif et trop rude pour que les oliviers n'en fussent également endommagés. Aussi plusieurs oliviers pâlirent (1) après le dégel, et quelques-uns périrent par les racines, à cause de la gelée qui les avait pénétrés : les pousses qu'ils ont faites sont faibles, et plusieurs même n'en ont point encore jeté. Toutefois, les ravages du

---

(1) Pline nous apprend, et l'expérience a démontré que les oliviers qui pâlissent de suite après la cessation du froid, perdent leurs feuilles et en repoussent de nouvelles au printemps, tandis que ceux qui n'indiquent aucune altération visible sont souvent bien plus endommagés, et périssent par l'effet de la destruction de leurs organes végétatifs.

froid, généraux dans certaines localités de ces contrées, ont été nuls dans d'autres, et la mortalité est loin d'avoir été aussi dangereuse qu'à Aix, où, par l'accord le plus fâcheux, tout a concouru à y rendre les attaques du froid universelles, et tout s'est réuni pour en faire connaître les plus défavorables effets.

Qualités de la terre.

Quoique toutes sortes de terre soient propres à l'olivier sur ces côtes maritimes, chaque variété exige néanmoins une qualité de terre et souvent une exposition qui ne sauraient convenir à une autre : ce sont ces différences aussi remarquables qu'invariables pour la prospérité des plants, qui ont amené des résultats si contraires dans la mortalité de 1820. Le saurin, par exemple, qui aime un fonds argileux et compacte, ne saurait réussir sur un coteau où l'aiglandau et le salonen reposeraient leurs racines dans une terre légère, sèche et graveleuse : aussi ceux-ci, indépendamment de la délicatesse de leur être, avaient bien plus à craindre et à redouter les impressions de la gelée dans un site où la roche, le gravier ou le grès calcaire (en provençal *safre*), sont à peine recouverts de quelques pouces de terre, et où les pluies automnales suivies de quelques beaux jours d'hiver, en activant la végétation, ont dû nécessairement les entraîner dans un excès de vigueur que le froid leur rendit si funeste.

La mortalité qu'ont essuyée les oliviers situés dans les terrains d'Aix et des communes environnantes, est due à la même cause, puisque les variétés qu'on y cultive, abritées par des coteaux, reposent en général dans des terres légères et éminemment calcaires.

Exposition.

Mais si à la légèreté du sol et à la porosité de ses molécules, l'on joint une température douce et modérée, il est facile de concevoir combien cet excès de végétation a rendu l'olivier sensible aux premières impressions du froid, et quelle a pu être la faiblesse de sa résistance : aussi les oliviers qui, soit à Aix, soit à Istres, se trouvaient dans une exposition trop méridionale, ont été ceux qui ont le plus souffert de la mortalité, tandis que ceux qui étaient situés en plein nord, ont pu résister, et n'ont donné aucune preuve d'altération visible, malgré que le froid y fût plus intense que sur la la côte abritée et plus vif de 2 à 3 degrés.

L'exposition a des suites tellement fatales à

l'olivier que M. Couture dit, dans son *Traité sur l'olivier*, qu'un olivier composé de plusieurs rejetons vit périr les deux qui étaient exposés au midi, tandis que le troisième, qui regardait le nord, survécut, et forma l'arbre par la suite. J'ai essuyé l'an passé plusieurs épreuves de cette nature, et lorsque j'ai vu, par contraire, mourir celui qui était dans l'exposition boréale, je l'ai attribué à un vice quelconque inhérent à l'arbre; ce qui s'est constamment vérifié. C'est donc à n evégétati on trop précoce qu'on doit attribuer la destruction de ces oliviers : nous verrons par le n°. suivant les exceptions que l'état de l'arbre et sa tenue ont pu offrir.

Situation.

La situation où se trouvait l'arbre lors de la venue subite du froid a également apporté de très-grandes variations dans ses effets.

Ainsi, les oliviers qui n'ont jamais pu se relever des mortalités partielles et antérieures à celle-ci ;

Ceux qui avaient leur souche tarée ou rongée par des vers destructeurs, ou dont l'intérieur du tronc était carié et pourri ;

Ceux qu'un surcroît d'engrais ou qu'une culture trop luxurieuse, après quelques années d'abandon, ou, ce qui équivaut, après les trois années précédentes de sécheresse, entretenait dans une végétation continue (1), même dans des endroits où l'exposition et la nature du sol semblaient faire espérer qu'il n'y eût rien à craindre:

Tous ceux-là, dis-je, ont succombé à la mortalité de 1820.

Diverses variétés qui étaient dans des terrains humides ou qui avaient essuyé une taille forte et précoce, ont également subi le sort terrible des précédens.

La taille de l'olivier ne peut être trop tardive, et j'ai vu dans cette mortalité beaucoup d'arbres périr pour avoir été trop tôt et trop fortement taillés: quelle leçon pour l'avenir!

Plusieurs oliviers qui avaient primitivement résisté à la gelée, sont morts ensuite, parce que, par une fatale prévoyance, on a laissé venir les jets qui poussaient de leurs racines, et que la faiblesse de l'arbre ne lui a pas permis d'étouffer.

Quant à ceux qui ont su affronter le froid, l'on trouve en premier lieu:

Le saurin ou plant d'Istres.

---

(1) *Nec infirmissimæ gelu periclitantur, sed maximæ.* Plin., lib. XVII, cap. XXIV.

Le salonen greffé sur saurin, et en général quelques plants des autres variétés qui acquièrent plus de rusticité en se rapprochant des côtes maritimes.

Ceux que l'abandon dans lequel ils végétaient, et le dépérissement dans lequel le manque de culture les entretenait, ont mis dans le cas de pouvoir résister.

C'est ainsi que les oliviers qui se trouvaient dans des murs, le long des chemins où la terre est sans cesse battue et pressée, dont les racines reposaient sous quelque roche, n'ont reçu aucune atteinte du froid : en effet une allée d'aglandau qui borde une propriété d'oliviers qui sont généralement morts, et qui se trouve sur un mur d'appui, avait seule résisté à la mortalité de 1789, et n'a eu rien à redouter de celle-ci. Quelle peut être la cause de cette résistance, si ce n'est la sécheresse qu'occasionnent la projection trop contiguë du mur, et l'appauvrissement dans lequel les entretiennent les plantes parasites qui croissent sur son appui.

L'état maladif dans lequel le noir (1) avait mis

(1) Cette terrible maladie avait été l'objet de la sollicitude de la Société d'agriculture de Marseille. Je me mis au nombre des concurrens; mais la mortalité, en nous

les oliviers de quelques quartiers de ces communes maritimes a encore préservé d'un dépérissement total tous les oliviers qui en étaient atteints: ces arbres ont laissé moins d'accès au froid, à cause de la contexture que présentait la végétation des moisissures sur l'universalité de leur être, et l'épuisement occasionné par les succions continues des kermès. D'ailleurs, la faiblesse extrême de leur végétation ne leur a pas permis d'avoir une part si active aux effets pernicieux du dégel, et la sève, momentanément en stagnation, a repris son cours dès la cessation du froid : ceci a lieu avec d'autant plus de fondement, que ceux qui avaient été émondés avant le froid, ont, après avoir fait instantanément craindre pour eux, perdu leurs feuilles,

---

délivrant de cette contagion, a obligé cette Société de la retirer du concours. Je me propose cependant d'envoyer mon mémoire au Conseil, dans l'espoir qu'il pourra lui être utile pour le travail qu'il se propose de faire pour l'olivier (1).

(1) Le noir, comme j'ai eu occasion de l'observer en Espagne, en Provence et en Italie, n'est pas une maladie, mais le résultat des déjections des cochenilles et des kermès, insectes qui ont affaibli les oliviers en vivant aux dépens de leur sève.

(*Note de M. Bosc.*)

et ils en ont repoussé de nouvelles dans les premiers jours d'avril.

Telles sont les diverses nuances qu'on a pu remarquer dans les effets de cette mortalité. Nous déduirons dans la seconde partie les moyens dont on peut user pour amortir les effets des gelées, et rendre leurs ravages plus circonscrits.

DEUXIÈME PARTIE.

Artem experientia fecit.
MANILIUS.

Des soins conservateurs de l'existence de l'olivier.

LE souvenir d'une gelée est toujours pénible pour l'olivier, et ses suites toujours destructives pour sa culture; malgré les mortalités qui se sont succédé dans le siècle dernier, le cultivateur ne peut se résoudre à retrancher du cercle de ses productions un arbre sur lequel se sont portées ses affections les plus constantes, et qui reconnaît, par une abondante fertilité, les soins multipliés qu'il lui donne; mais ce que les vicissitudes atmosphériques ne peuvent elles-mêmes empêcher, le manque d'avances l'y oblige quelquefois et le met dans la dure nécessité d'y souscrire malgré lui.

Or, s'il est nécessaire qu'il soit instruit sur la manière dont il doit opérer, soit pour le recepage des oliviers frappés par la gelée, soit pour les premiers soins à administrer aux rejetons et pour le succès de leur accroissement, il est tout au moins indispensable qu'il connaisse et sache apprécier les moyens dont on peut user pour remédier aux mortalités et prévenir leurs ravages : ce que personne n'a encore abordé, je l'ose en ce moment, plein de confiance dans la sagesse de mes avis; j'aurais à souhaiter que mes moyens pussent correspondre à mes intentions; mais ma tâche sera remplie, si je puis donner l'éveil à un citoyen tout aussi zélé, mais plus habile, et qui s'enrichira des recherches importantes qu'un tel sujet mérite.

Les soins conservateurs de l'existence de l'olivier, et préservatifs de l'influence maligne du froid, sont:

Qualité du plant.

L'olivier, à qui toute exposition et toutes sortes de terres peuvent convenir le long de nos côtes maritimes, exige un concours de circonstances plus favorables à sa végétation, à mesure qu'il s'en éloigne, et il refuse de prospérer au-delà des limites établies par la nature; mais si son existence y est chanceuse, et si ses productions y sont faibles, le propriétaire de ces lieux en est amplement dédommagé par la bonté et la supériorité justement acquises de ses huiles. Ce serait donc à tort que l'on prétendrait, dans ces contrées maritimes, jouir de cette qualité que les oliviers de ces lieux ne doivent qu'à la faiblesse de leur existence, et toutes les tentatives qu'on peut faire, à cet égard, ne peuvent amener à des résultats satisfaisans. Cette assertion n'est point hasardée de ma part, et l'expérience, cette grande maîtresse, a démontré que tous les plants qu'on a fait venir d'Aix, ou de la Fare, et pour lesquels on a pris toutes les précautions que pouvait exiger le choix du sol et de l'exposition, n'ont jamais pu donner la même qualité d'huile qu'ils offraient dans leurs lieux d'origine. Transportés chez nous, ces plants y ont trouvé une existence plus assurée et une végétation plus récréative. L'augmentation matérielle des produits nous a tenu lieu de l'infériorité que les huiles y ont acquise, et la quantité a seule pu nous dédommager de la qualité. Ne leur envions donc pas cette supériorité à laquelle nous ne pouvons prétendre, et contens de nos avantages, bornons-nous à la culture exclusive de nos variétés, et tâchons de les prémunir contre les mortalités.

A cet effet, il faut, sur le littoral de la mer et sur les côtes de l'étang de Serre, multiplier autant que possible le saurin, parce que la rusticité de sa végétation lui permet d'affronter sans crainte toutes les intempéries de l'air. Cette variété, qui ne donne que des récoltes bisannuelles, exige d'être secourue au besoin; car dans les lieux qui ne jouissent pas de la faveur des eaux, les récoltes y sont plus incertaines, et les plus heureuses probabilités s'éclipsent quelquefois devant une sécheresse longuement déplorable. Ainsi pour ne pas courir trop absolument la chance fâcheuse d'absence totale de récolte, le cultivateur sage et prévoyant doit entremêler ses plantations de saurins de plants de Salon et d'Eyguières qui, par leurs riches productions, l'indemniseront du non produit accidentel des premiers. Il agira avec prudence et aura dans la suite à se féliciter, s'il ente ces dernières variétés sur des plants de saurin dans les lieux où celui-ci aime à se complaire. Si c'est toutefois sur des coteaux ou dans des sols légers et non arrosables, il userait en vain de ce moyen, et il doit se borner, dans cette exception, à les greffer sur franc, ou sur toute autre variété peu estimée.

Ces conseils sont exclusifs à ces contrées, et ne sauraient être mis en pratique ailleurs. A une certaine distance de la mer, dans ces lieux où la culture de l'olivier est sujette à une infinité de mortalités qui ne portent aucune atteinte aux oliviers essentiellement maritimes, l'on doit fixer ses attentions à y propager la variété acclimatée, qui est reconnue pour résister le plus victorieusement au froid, ou cultiver des plants que l'on fait venir de pays plus septentrionaux, afin qu'en acquérant plus de rusticité, ils soutiennent mieux les gelées. Il faut en outre user de tous les moyens que nous indiquerons ci-après, pour ralentir leur végétation pendant la saison des frimas; et si, malgré les plus sages précautions, l'olivier succombe, par une heureuse compensation, il est bientôt régénéré par des pousses plus hâtives et une fructification plus précoce que chez nous, où plus d'un demi-siècle est nécessaire au développement parfait du saurin.

Sur ces côtes maritimes, le froid est utile à l'olivier, et un froid sec et modéré est un gage assuré d'une récolte abondante. Celle qui a suivi la mortalité de 1820 le prouve clairement, car si le froid n'eût été aussi violent, le résultat n'en aurait pas été si pénible. Lorsque, par contraire, l'hiver est doux et sans rigueur, la sève, au lieu de se concentrer, se dilate et se porte à la circonférence, toutes les fonctions vitales sont excitées, et l'arbre, dont l'énergie se trouve activée, produit un surcroît de végétation, qui est perdu pour la fructification qui doit survenir au printemps. Le proverbe provençal qui dit *qu'il faut du froid pour que l'olivier charge* (1), est d'une application aussi sage que juste; et je trouve, par analogie, la culture de M. Couture fort bonne, lors même que je n'en aurais pas reconnu les utiles effets.

D'après Columelle (2) et Olivier de Serres (3),

---

(1) Faou dé fré per que l'ooulivié cargué.

(2) *Optimum est, constitutum jam et maturum olivetum in duas partes dividere, quæ alternis annis fructu induantur; neque enim olea continuo biennio uberat. Cùm subjectus ager consitus non est, ager cuniculum agit, cùm seminibus repletur, fructum affert. Ità sic divisum olivetum omnibus annis æqualem reditum affert.* Col.

(3) Les oliviers s'accordent en ceci, avec plusieurs autres arbres, que de ne produire indifféremment tous les ans du fruict; ainsi de deux l'un, à tout le moins fort rarement : auquel naturel est de besoin les entretenir, pour le profit de ce mesnage, car mieux vaut de deux en deux

M. l'abbé Couture dit dans son Traité précité, tom. 1, pag. 179 et 191 et 192, et il l'appuie par son expérience, que lorsqu'il ensemençait ses olivets, il en retirait de très-grands avantages, puisque, indépendamment de la récolte de grains qu'il y obtenait, il avait beaucoup plus d'huile que lorsqu'il suivait la pratique opposée.

Feu mon père obtint le même résultat dans les épreuves où il soumit une de ses propriétés

---

ans l'un, avoir bonne cueillette d'olives, que chacun an, une maigre et chétive. A cela l'artifice utilement intervient. L'expérience monstre que quand la terre est ensemencée, les oliviers portent du fruict; et estant vuide, s'amusent à faire du bois, pour l'abondance de nourriture que le fonds donne aux arbres : dont s'advanceant en rameure, se rendent capables, par après, à fructifier. C'est de l'antiquité qu'on a tiré telle primeur, Columelle l'ayant ainsi escrit. Pour doncques avoir également du fruict, chacune année, le père de famille partira en deux ses olivettes, lesquelles alternativement par années, il labourera et ensemencera : moyennant lequel ordre et la faveur du ciel, aura toujours abondance d'huile (1).

(1) Voyez pour le complément de cette note le mémoire de M. *Olivier*, de l'Institut, intitulé *Des causes des récoltes alternes de l'olivier*, inséré dans le premier volume du *Journal d'histoire naturelle*, par *Lamark*, *Brugnière*, etc. Paris, 1792.

(*Note de M. Bosc.*)

complantée en oliviers. Tant qu'il semait l'année que les oliviers devaient charger, il était sûr d'obtenir et du blé et de l'huile; séduit par l'avis de quelques agriculteurs, il voulut ensuite se borner à labourer et à houer ses oliviers, ils firent du faux bois et étalèrent une végétation superflue. Cette expérience que j'ai vu renouveler pendant six ans consécutifs, lui fit reprendre la précédente culture, et je la continue par les avantages qu'elle m'offre.

L'attention qu'elle exige néanmoins est de ne semer l'olivet que l'année de sa récolte, parce qu'on force l'arbre à nouer son fruit. Après la moisson, on doit détruire le chaume, arroser à plein et raviver les arbres par une culture aussi soigneuse qu'entendue; mais il faut pendant l'année de repos, qui se trouve être celle de la taille, fumer les oliviers et multiplier, autant que possible, les labours.

Quelques personnes, depuis la propagation de la vesce d'hiver, ont adopté la méthode suivante : elles sèment cette vesce dite *garoute* dans le courant de septembre; elles l'enterrent pendant l'année de la taille, lorsqu'elle est en pleine floraison, au pied des oliviers, et sèment le blé, qui sera coupé à l'époque de la récolte du verger. Un pareil assolement peut exister quelque temps sans aucune interruption, mais je désirerais voir de temps à autre reparaître les labours du printemps; ils sont trop utiles pour être totalement écartés.

Dans le cas que nous venons d'admettre, l'ensemencement fait l'office du froid dans les vergers arrosables et dont la terre est forte et substantielle; pour ce qui regarde ceux dont le fonds est léger et graveleux, il faut bien se garder de les semer, car l'on aurait lieu de s'en repentir. Il convient, d'après l'avis judicieux de M. Couture, de les labourer trois ou quatre fois l'année de la taille, pour détruire les mauvaises herbes et pour leur conserver leur peu d'humidité et de fraîcheur, mais sur-tout de leur donner moins de labour pendant l'année de la récolte : c'est, dit-il, un moyen pour les forcer à mieux retenir leur fruit.

Particularités sur le sol.

Le sol dans lequel végète l'olivier, influe toujours d'une manière sensible sur les effets de la gelée. Ainsi pour ceux qui reposent dans un terrain bas et humide, le grave inconvénient de leur situation les rend bien plus exposés à périr, parce que les plantes abreuvées d'une sève aqueuse et surabondante, en ressentent toutes les rigueurs. Il faut, dans cette pénible circonstance, creuser des fossés en tous sens, et dessécher le sol par tous les moyens connus. On aura lieu de s'applaudir de la culture de la vesce d'hiver, à laquelle peut succéder le blé. Ces plantes, en absorbant l'humidité qui fatigue l'arbre, le défendront des impressions d'une trop forte gelée, et amortiront la violence de ses coups.

Quant aux terres légères et graveleuses, elles présentent l'excès contraire et méritent encore plus de soins, parce que les variétés d'oliviers qui y végètent sont plus sensibles au froid que le saurin, qui occupe tout seul les vergers trop humides. Les plants de Salon, d'Eyguières, etc., qui affluent dans ces positions, ont à peine quelques pouces de terre pour asseoir leurs racines. La végétation du printemps y est bientôt suspendue par les hâles desséchans de l'air; elle est renouvelée pendant les beaux jours qui accompagnent les pluies d'automne, et continue sans interruption jusqu'à l'époque des froids, qui leur devient quelquefois fatale. Le but du cultivateur doit se porter à ralentir cette imprévoyante végétation, et le mélange des terres l'accomplira au gré de ses désirs.

Époque de fumer.

D'après les résultats de cette mortalité, on a pu juger de ses effets sur les oliviers qui avaient été fumés : il est donc nécessaire de retarder cette opération, et même de la renvoyer au mois de mars, sur-tout pour les sols secs et légers, et pour les localités favorisées d'un abri quelconque (1). L'époque de la destruction du buttage sera aussi celle de fumer, afin que les pluies du printemps puissent activer sa fermentation, et en rendre la décomposition sensible pour les progrès futurs de leur végétation.

Époque de la taille.

Il est très-dangereux d'élaguer l'olivier pendant l'hiver. Le dépouillement d'une partie de ses rameaux le rend plus susceptible des impressions meurtrières du froid; car combien d'oliviers et même de saurins ont péri, dans cette mortalité, pour s'être trouvés taillés à cette

---

(1) Il semble que cette opération devrait être reculée jusqu'après la floraison de l'olivier, car il est d'observation que toute augmentation de l'action végétative un peu avant et pendant cette époque, amène la coulure.

(*Note de M. Bosc.*)

époque désastreuse ! Cette opération ne peut donc être trop retardée ; elle ne doit commencer qu'en mars et même plus tard, s'il est possible de le faire. Si l'on s'en rapportait à ses fermiers, on l'entreprendrait immédiatement après la cueillette des olives, parce que la ramée leur est souvent nécessaire pour la nourriture des bestiaux. On doit être très-rigide à cet égard, puisque la moindre prévoyance peut éteindre ce besoin, et que le défaut de surveillance peut un jour entraîner la perte totale des oliviers.

Buttage.

La terre, après s'être progressivement échauffée pendant l'été, se refroidit avec la même lenteur dans le courant de l'hiver. Elle fournit aux plantes, par l'intermédiaire des racines, les moyens les plus puissans pour résister aux rigueurs soutenues du froid. Tous les efforts du cultivateur doivent donc tendre à assurer la conservation de la chaleur dans le sein de la terre, qui l'a emmagasinée durant les ardeurs de la canicule ; ils doivent lui permettre de la receler avec la plus opiniâtre ténacité pour retarder, autant que possible, le refroidissement sensible de la plante pendant le cours des hivers rigoureux et pénibles qui affligent parfois ces contrées. Le buttage des racines sera l'emploi le plus avantageux des soins qu'il prendra pour préserver ses arbres des atteintes de la gelée. Il conservera, à son grand profit, les racines qui, pivotant dans la terre, jouissent de toute la chaleur condensée, et détruira sans pitié celles qui, rampantes et superficielles, abandonnent trop facilement la chaleur dont elles se sont emparées, et périssent quelquefois par le résultat forcé de leur position.

Cette opération essentielle et conservatrice de l'existence des plantes méridionales est pratiquée par les jardiniers pour toutes celles qui craignent les gelées, comme pour les artichauts, par exemple; elle est usitée à l'égard des oliviers depuis un temps immémorial, dans quelques communes du département; elle a été tentée dans d'autres, et par-tout elle a été suivie des succès les plus heureux.

La ville de Mouriez, arrondissement d'Arles, est, par sa situation, très-sujette aux gelées. Les mortalités partielles qui s'y répétaient trop souvent rendaient l'existence de l'olivier peu assurée et ses productions extrêmement chanceuses : industrieux par besoin, les habitans de cette petite ville ont su accoutumer cet arbre à leur climat, et atténuer sur lui les impressions funestes du froid. A cet effet, ils sont dans l'usage de donner aux olivets une œuvre légère de labour et de butter fortement l'arbre; aussi est-il vraiment curieux de voir, dans l'étendue de ce terroir, les effets de la mortalité de 1820. On peut facilement distinguer l'agriculteur prudent et sage de ceux qui, soit par paresse, soit par une fausse sécurité, se sont laissé étourdir par les douceurs des hivers précédens; car des vergers séparés par un seul sillon ont éprouvé d'une manière bien dissemblable l'action violente du froid, les uns par la perte totale de leurs arbres, et les autres par la résistance que la généralité de leurs oliviers y a offerte. Que ceux qui ont employé des moyens aussi simples qu'énergiques ont à s'en louer et à s'en féliciter, et qu'ils ont été bien largement récompensés de leurs prévoyantes attentions!

Ce qui a eu lieu à Pelissanne est digne d'être rapporté. Un propriétaire de cette commune fit butter ses oliviers lors des premières atteintes du froid, ce travail fut fait dans un verger abreuvé par le séjour des eaux pluviales; cependant les arbres furent sauvés et ceux de ses voisins périrent, quoiqu'ils fussent placés dans une situation autrement avantageuse et qu'ils ne fussent pas inquiétés par les eaux. De pareils faits méritent d'être recueillis, et j'en vais alléguer un, qui m'est personnel et dont je puis avec toute confiance attester la véracité.

On fumait, à Belleval, les oliviers, lorsque le froid s'annonça : mon fermier, craignant pour eux, à cause de l'humidité de la terre, se hâta de les couvrir. Cinq cents pieds d'arbres qui ont été de la sorte fumés ont résisté au froid, et pas un seul n'a péri, tandis qu'il en est mort près de la moitié sur la majeure partie qui restait.

L'arrivée subite du froid n'a pu permettre au fumier d'activer la végétation, elle a été par contraire suspendue. D'ailleurs, le fumier répandu sur les racines de l'arbre a fait l'office du buttage; il a, par sa chaleur naturelle, annulé l'impression qu'auraient pu causer l'air extérieur et les dangers de son introduction dans le sein de la terre.

« Les racines, dit *Sennebier, Physiologie végé-*
» *tale*, tom. III, pages 324 et 325, résistent au
» froid, parce qu'elles ont toujours la tempé-
» rature de la terre, qui est plus haute en hiver
» que celle de l'air. Elles y doivent prendre la
» chaleur nécessaire pour résister au gel, parce
» qu'elles sont de meilleurs conducteurs de la cha-
» leur que les corps qui les environnent, et que
» la terre conserve toujours une chaleur supé-

» rieure à celle de l'air, comme les sources qui » y coulent à une certaine profondeur l'apprennent. Il paraît probable que la terre doit avoir » toujours de la chaleur à communiquer aux » plantes. »

Occupant un grand espace dans la terre qui les nourrit, les racines de l'olivier se préservent facilement des atteintes de la gelée. Elles acquièrent, par le buttage, plus d'énergie dans leurs fonctions, et elles fournissent à l'arbre une plus grande quantité de calorique pour supporter avec avantage l'impression momentanée et terrible du froid.

La conservation de l'olivier, à tant d'égards utile dans nos contrées, doit donc nous engager dans la pratique annuelle du buttage. L'on doit y persévérer avec constance, et la moindre négligence est d'autant plus coupable, qu'elle peut être funeste à celui qui la commet.

Le buttage doit être pratiqué de bonne heure et avant que les pluies automnales viennent nous en détourner. L'époque que l'on peut fixer, pour cette essentielle opération, est la fin des semailles et avant la cueillette des olives. Il faut d'abord houer bien profondément la circonférence de l'arbre, et le couvrir ensuite jusqu'à la moitié de la hauteur du tronc. Le labour de la houe, qui précède le buttage se fait dans l'intention de détruire le chevelu superficiel des racines, et d'arrêter par là les progrès de la végétation, qui se trouve stationnaire durant les beaux jours qui suivent ordinairement les pluies d'octobre, et que nous nommons l'été de la Saint-Martin. Cette culture à la houe est, à mon avis, tellement nécessaire au buttage et indispensable pour assurer la conservation de l'arbre, que j'ai toujours observé que dans les vergers où l'araire n'entrait jamais, et qui sont constamment travaillés à bras, les oliviers résistent toujours plus que là où ils sont seulement labourés et bêchés au pied.

Une circonstance digne d'être remarquée particulièrement est celle d'employer de la terre forte ou de la nite (1) pour butter les oliviers et sur-tout ceux qui se trouvent placés dans un sol graveleux et léger, parce que la nature de ces terres fortes les rend plus susceptibles de favoriser la conservation de la chaleur. Je puis confirmer cette assertion par une infinité d'exemples, et je me contenterai d'en rapporter quelques-uns.

M. Colla, propriétaire à Graix, a, dans un

(1) Terre d'alluvion.

verger, dans la Crau, une allée d'oliviers traversée par un canal d'arrosage : la nite que l'on répandait sur ses bords lors des curages annuels, a couvert le pied des arbres et les a préservés de la mortalité, qui a été générale pour le restant.

J'ai vu également beaucoup d'oliviers placés sur la douve de quelque fossé, et qui étaient consécutivement buttés par l'effet des récurages, résister au froid de 1820 et offrir le contraste le plus frappant avec les oliviers qui se trouvaient plus loin dans le même champ.

Dans les craux (vergers situés dans la Crau) qui se sont successivement nités par les arrosemens qu'on y effectue chaque jour, les oliviers n'ont nullement craint la mortalité et jouissent de la végétation la plus orgueilleuse.

Les oliviers qui étaient placés sur les penchans des coteaux et où les terres avaient été retenues par une roche, par un mur ou un obstacle quelconque, ont aussi résisté au froid, parce que leurs racines, progressivement enterrées, ont acquis beaucoup plus d'énergie pour annuler ses impressions et parer à ses coups. Cependant de plus fortes considérations doivent engager à pratiquer le buttage dans ces sols en pente ; car indépendamment des ravages continus que les eaux pluviales y exercent, plusieurs propriétaires ont, lors des mortalités précédentes, et avec plus de danger qu'ailleurs, recepé leurs oliviers trop rez terre. Les nouvelles pousses qui en sont provenues, après s'être sustentées aux dépens de la souche-mère, en ont formé une qui leur a été propre, et qui a été amenée à la surface de la terre par la résistance que la souche primitive a opposée à son enfouissement. Dans une aussi fâcheuse circonstance, le buttage ne saurait être négligé ; il améliorera la nature du sol, ravivera une végétation trop long-temps languissante, et garantira l'arbre de l'influence nuisible du froid, en concentrant la chaleur emmagasinée, qui tend sans cesse à s'échapper et à se mettre en équilibre avec l'air extérieur.

L'organisation physiologique de l'olivier, comme plante méridionale, le rend, par cela même, beaucoup plus sensible à la gelée lorsqu'elle est précédée de pluies abondantes. L'arbre dont la végétation a pu languir et être affligée par une longue et pénible sécheresse, se trouve recréé par les sucs qui affluent. Il développe alors une infinité de bourgeons, qui ont d'autant plus à redouter le froid, que leur nature herbacée les rend susceptibles d'en recevoir les impressions. La forme conique que l'on donne au buttage, empêchant les eaux pluviales de se filtrer dans la terre et de rendre la sève trop aqueuse (1) par son abondance, peut remédier à ces graves inconvéniens. Mais si, même dans ce cas, le buttage n'est pas couronné par le succès le plus complet, il pallie toujours et affaiblit singulièrement les désastreux progrès d'une mortalité, comme on a pu remarquer par celle de 1820, qui, s'étant offerte avec les mêmes dangers, a su s'arrêter devant cette opération et reconnaître l'utilité de sa pratique.

L'hiver ayant fini son règne, toutes les craintes s'évanouissent, et l'on doit se hâter de déchausser l'olivier. Ce travail, qui se pratique en mars, permet aux pluies du printemps d'abreuver ses racines, et favorise la plus brillante végétation.

---

(1) La sève aqueuse se gèle presqu'au même degré que l'eau. *Sennebier, Phys. vég.*, tom. III, pag. 305.

LETTRE

Sur les oliviers atteints par la gelée du 12 janvier 1820, adressée à S. Exc. Monseigneur le Ministre de l'Intérieur, le 17 août 1821;

Par M. Lautard,

Membre correspondant du Conseil d'agriculture pour l'arrondissement de Marseille, département des Bouches-du-Rhône.

Monseigneur,

Le désir de répondre d'une manière précise aux lettres que Votre Exc. a daigné m'écrire, le 31 janvier et le 29 mai derniers, et le besoin de recueillir sur les lieux des renseignemens positifs et des faits dont je pusse garantir l'authenticité, ne m'ont pas permis de satisfaire plus tôt aux obligations qu'elles m'avaient imposées.

Dans le Recueil administratif du département des Bouches-du-Rhône, dans le Journal de Marseille et dans plusieurs ouvrages périodiques sur l'agriculture, on avait publié, l'année dernière, quelques-unes de mes observations sur les effets de la gelée de 1820. J'avais fait connaître d'une manière particulière l'état déplorable des oliviers de notre arrondissement; et par les instructions, j'avais suspendu la hache exterminatrice qui menaçait tous ces arbres sans distinction; ce fut enfin par mes conseils que les tailles et les amputations eurent lieu dans des temps opportuns. Mais n'ayant pas considéré ce désastre sous les rapports importans sous lesquels Votre Excellence les présente aujourd'hui à l'examen des correspondans du Conseil d'agriculture, après avoir visité, dans le courant de cette année, la ligne qui s'étend le long de la mer, depuis Savone jusqu'à Arles, ainsi que tous les cantons de notre arrondissement, je puis, en rendant compte de ce que j'ai vu, répondre aux demandes qui me sont adressées. Mais pour ne pas m'écarter de mon sujet, je me propose d'aborder successivement ensuite les divers problèmes agricoles dont elles sollicitent la solution.

Demande.

Je désirerais connaître d'une manière précise les effets produits par la gelée, dans l'hiver de 1820, sur les oliviers de votre arrondissement.

Réponse.

Les effets de la gelée de l'hiver de 1820 sur les oliviers de l'arrondissement de Marseille ont été si désastreux, qu'on n'a pu les comparer qu'à ceux de 1709, c'est-à-dire que, dans la plus grande étendue de cet arrondissement, les oliviers les moins maltraités ont été coupés aux petites branches, les autres aux grosses, et le plus grand nombre au pied, de manière qu'aucun de ces arbres n'a été épargné, qu'on n'en compte qu'un très-petit nombre qui n'ont perdu que les rameaux et les branches, et que presque tous ont été frappés de mort jusqu'à la partie de l'arbre que la terre dérobe à nos regards. Je prie Son Exc. de vouloir bien ne pas perdre de vue que je ne parle que du premier arrondissement de ce département, qui paraît en effet avoir le plus souffert de ce funeste événement.

Le plus grand froid observé pendant cette redoutable époque a été de 8 degrés environ au-dessous de 0, au thermomètre de Réaumur; mais on peut croire que le degré fixe de froid n'a pas été déterminé d'une manière très-exacte, à cause des différences très-sensibles qu'on n'a pu s'empêcher d'observer dans les différens cantons de l'arrondissement, et ce qui a dû naturellement augmenter l'embarras, c'est l'heure à laquelle la température a paru être la plus rigoureuse : or, d'après les relations connues, c'est à minuit que le froid s'est fait le plus sentir: d'où l'on peut conclure que l'observation de 8 degrés n'ayant été faite qu'à l'observatoire de Marseille, il est présumable que dans certains quartiers de l'arrondissement on a enduré un degré plus intense de froid.

Il ne sera peut-être pas inutile de compter pour quelque chose les principales circonstances qui ont accompagné cet accident. Jusqu'au 8 janvier, la température avait été élevée de 10 à 12 degrés au-dessus de 0; dans la nuit du 9 au 10, neige en petite quantité, mais un degré au-dessous de 0; le 10, depuis trois heures du matin jusqu'à quatre heures du soir, neige grosse et rare; 4 degrés au-dessous : il n'y avait que 5 pouces et demi de neige; le 11, à huit heures du matin, 6 degrés au-dessous; le 12 à minuit, 8 degrés au-dessous; le même jour, à trois heures du soir, 4 degrés au-dessous; et le 13, à la même heure, 4 degrés au-dessus de 0.

On voit, d'après ces observations, que c'est du 8 au 13 janvier que tout le mal a été fait, et que la température, très-élevée jusqu'au 8, avait permis aux oliviers une très-grande végétation, la sève étant montée jusqu'aux extrémités capillaires des rameaux.

En 1709 et durant les hivers subséquens, il avait gelé et dégelé plusieurs fois : cette alternative avait été plus meurtrière pour les oliviers que le degré de froid qu'ils avaient enduré. En 1820, il n'a plus gelé après le dégel; mais le degré de froid brusquement survenu après une température très-élevée, a dû nécessairement surprendre la végétation, et donner la mort aux oliviers, qui, hors le cas d'une circonstance particulière, ne résistent jamais au degré que nous venons d'indiquer.

Théophraste avait dit que l'olivier ne croissait pas à plus de quarante milles de la mer : il est probable que, de son temps, il n'y en avait pas au-delà de cette distance; mais cette opinion, qui avait été adoptée par les auteurs anciens et que plusieurs agriculteurs modernes avaient soutenue, ne peut plus être défendue de nos jours, puisqu'on voit cet arbre prospérer au centre de l'Espagne; qu'il croît dans l'intérieur de l'Afrique, à trente et quarante lieues de la mer, dans les montagnes de l'Atlas, et qu'en Asie, dans l'ancienne Mésopotamie, Olivier en a vu de très-beaux à cent lieues de la Méditerranée, aux environs de Mardé. On peut dire cependant qu'à peu de chose près la température est la même dans les différens lieux que nous venons de nommer, et que, de toutes ces contrées, la Provence est celle qui éprouve le moins de chaleur et qui supporte les hivers les plus rigoureux.

Pline assure que, de son temps, on en voyait au-delà des Alpes et jusque dans le cœur des Gaules et de l'Espagne, tandis que, sous Tarquin-le-Superbe, il n'y en avait point encore ni en Italie, ni en Espagne, ni en Afrique. Mais cet auteur ne chercha pas à connaître pourquoi l'olivier ne croît pas sur les côtes de l'Océan qui jouissent de la même température que celles de la Méditerranée : on s'aperçoit que l'olivier ne vient pas sur les terres où le thermomètre descend ordinairement à 8 degrés, et c'est peut-être la raison pour laquelle, depuis 1709, ces arbres ont péri six fois dans le pays que nous habitons.

Mais jetons un coup d'œil sur la manière dont le froid, dans cette dernière époque, a frappé les oliviers ; on sait depuis long-temps que les arbres qui conservent toute l'année leur feuillage frais, sont dans une continuelle végétation ; l'olivier jouit de cet avantage : dans le mois de décembre 1819 et jusqu'au 9 janvier 1820, on s'apercevait déjà du mouvement que la sève opérait dans les petits rameaux. Cet arbre avait beaucoup souffert du défaut des pluies des années précédentes. Il commençait à se refaire et tout annonçait à l'agriculture les plus heureux avenirs, lorsque le froid, détruisant tout-à-coup ses espérances, porta la mort jusque dans le cœur de ce précieux et frilleux végétal.

Le froid seul n'eût vraisemblablement pas occasionné tant de maux, s'il n'eût été accompagné de quelques pouces de neige et d'un vent glacial, qui lui donnait plus d'intensité et qui augmentait l'effroi des cultivateurs. Ce vent muet et pénétrant, qui dura près de dix heures, partait du sud-est de l'horizon, et passait indubitablement sur les hautes montagnes de la Corse, avant d'arriver sur nos coteaux. Les traces de ce fléau décèlent trop encore sa course meurtrière et ne permettent pas d'ignorer le point de son départ : les côtes maritimes en ont été les plus maltraitées, parce qu'elles en recevaient les premières atteintes, et le désordre a diminué dans l'intérieur, à mesure que les oliviers, plus abrités, étaient moins exposés à son action.

Le mal qu'a causé ce froid s'est étendu sur le littoral de la Méditerranée depuis Savone jusqu'à Barcelone, et n'a pas pénétré à plus de vingt lieues dans l'intérieur. Vers l'extrémité orientale de cette ligne, il a fait périr tous les citronniers; en s'approchant du centre, il a détruit les orangers; vers le centre, il a donné la mort ou il a plus ou moins moins endommagé les oliviers, et vers l'extrémité occidentale, diminuant sensiblement d'intensité, il a exercé un moindre ravage sur les espèces de végétaux que nous venons de nommer. Dans les terres, il a été si vif dans certaines contrées, qu'il a même fait périr les chênes-verts.

Voici le tableau qu'offre la campagne au voyageur qui vient en France par la Ligurie : depuis Savone jusqu'à Nice, les citronniers ont tous été coupés au pied, et sur la plage de cette dernière ville, le 14 décembre 1821, j'ai vu vendre le bois de cet arbre cinq sous le quintal. Vers Savone, les orangers, qui craignent un peu moins le froid que les citronniers, sont encore en vie; mais on les voit desséchés à mesure qu'on se rapproche du Var. A Menton, on n'en voit plus que quelques-uns, et à Nice ils sont tous morts : à plus forte raison, ceux d'Hières ont tous péri. Dans la ligne que nous venons d'indiquer, c'est-à-dire depuis Savone jusqu'à Nice, les oliviers n'ont éprouvé aucun mal ; ils étaient même, cette année, de la plus grande beauté, et ils ont donné une très-grande quantité de fruits. Plusieurs communes du pays de Gênes qui ne cultivaient pas l'oranger, ont été ruinées par la perte des citronniers, et d'autres par celle des orangers.

Immédiatement après avoir passé le Var, on commence à voir de loin en loin quelques rameaux d'oliviers desséchés. A Cannes, à Antibes et jusqu'au pied des montagnes de l'Estérel, le mal va progressivement en augmentant. A Fréjus, il est beaucoup plus sensible : on y voit déjà des oliviers coupés aux grosses branches ; mais dès qu'on arrive au Luc, la campagne offre l'aspect le plus déchirant. Les oliviers sont coupés au pied, et le long de la route depuis cette ville jusqu'à Marseille, c'est-à-dire dans l'espace d'environ vingt lieues, on ne voit pas un olivier debout. A l'extrémité occidentale du territoire de Marseille, le mal semble moins grand. Dès le Martègues, on voit encore de beaux oliviers, et dans les coteaux d'Istres ainsi que dans les plaines de Salon et d'Arles, le froid n'en a tué qu'à-peu-près le tiers.

Tout le département du Var, depuis le fleuve de ce nom jusqu'à Toulon; tout le territoire d'Aix, celui de Marseille et d'Aubagne, ont été le plus cruellement traités, et les pertes immenses qu'ils ont souffertes mériteraient sans contredit que le gouvernement vînt efficacement à leur secours; car ce n'est pas connaître leurs maux que de leur avoir accordé une somme si modique, qu'elle ne peut pas même être divisée.

Mais pour ne parler que de notre arrondissement, il est difficile, lorsqu'on parcourt le territoire de Marseille, de se défendre d'un mouvement de surprise, en examinant le dommage qu'ont souffert les oliviers. Suivant l'exposition où ils se trouvent, on s'aperçoit que les petites branches, les grosses ou le tronc, ont été brûlés par le froid : c'est à-peu-près la répétition de ce qu'on voit dans le pays de Gênes, où les citronniers, les palmiers et les orangers ont disparu, suivant les lieux où ils étaient plantés. Ici, les oliviers, dans les quartiers les moins chauds ainsi que sur les hauteurs, ont moins souffert, parce qu'ils étaient moins avancés dans la végétation et qu'ils étaient accoutumés à un degré plus intense de froid ; mais il est essentiel d'observer que, dans cet arrondissement, on peut à peine compter un arbre sur cent, où l'on n'ait eu rien à couper, et que, dans quelques quartiers, il n'en reste pas un seul qu'on n'ait été obligé d'enlever, en sorte que la campagne est entièrement dépouillée de ces arbres productifs qui faisaient leur richesse et leur unique ornement.

Demande.

Je sais, continue Son Excellence, que parmi les nombreuses variétés d'oliviers connues dans la région de la France que vous habitez, quelques-unes ont mieux résisté au froid que beaucoup d'autres ; il paraîtrait même, d'après les renseignemeus qui me sont déjà parvenus, que les moindres variétés auraient mieux résisté, et que les meilleures auraient péri. Toutefois, les données recueillies jusqu'à ce jour sont trop vagues pour servir de base au travail général qui doit nous conduire au moyen de cultiver et conserver une des branches les plus intéressantes de l'agriculture du midi, et je désirerais avoir de plus amples informations.

Réponse.

Dans l'arrondissement de Marseille, on n'a pas observé que, parmi les nombreuses variétés d'oliviers qu'on y cultive, quelques-unes d'entre elles aient été victorieuses du dernier froid, et que ce soient précisément les variétés de moindre valeur qui en aient triomphé, tandis que les meilleures espèces auraient péri. On sait pourtant que certaines variétés résistent en général à un degré un peu plus intense de froid, et personne n'ignore que ce sont les espèces inférieures; mais comme elles donnent un produit de moindre valeur, l'agriculture se livre volontiers à l'entretien d'autres espèces plus utiles et dont l'huile est plus demandée : il résulte que ces espèces chétives sont rares, et que les meilleures sont aussi les plus répandues. Mais qu'on ne se hâte pas de conclure que ces arbres de moindre qualité résistent à un degré de froid beaucoup plus considérable que celui qui donne la mort aux meilleures espèces : en général, sur les côtes maritimes de la Provence, à 7 ou 8 degrés au-dessous de zéro, toutes les espèces d'oliviers périssent, même celle qui est la moins sensible, et lorsque 6 ou 7 degrés donnent la mort à plusieurs variétés, l'espèce la moins délicate en est fortement endommagée : la différence qui se trouve entre ces diverses espèces n'est donc souvent que d'un degré. La cause, jusqu'à présent, a paru résider dans l'épaisseur de l'écorce, la densité du bois, la fermeté des feuilles et la vigueur de son plant ; mais l'avantage dont elle est douée de résister un peu plus au froid ne peut être mis en balance avec la qualité d'huile donnée par les autres espèces dans l'état présent des choses. Si les espèces de moindre valeur étaient cultivées de préférence dans cet arrondissement, il ne pourrait plus souffrir la concurrence non-seulement des huiles étrangères, mais celle même de plusieurs contrées de l'intérieur qui l'emportent par la quantité, et qui ne laissent à la Provence que l'avantage de la qualité. D'ailleurs il serait très-difficile de faire subir une révolution aux consommateurs, et le projet d'exclure les bonnes espèces ne serait qu'une théorie sans application ; car l'agriculture n'adopterait jamais un semblable projet.

Nous avons vu, dans cet arrondissement, des arbres appartenant à l'espèce inférieure et qui avaient résisté aux froids de 1766, 1789, 1792, périr, en 1820, à côté de ceux d'une espèce plus délicate, qui avaient bravé cet accident : d'où l'on doit conclure que le degré de froid qui pardonne plutôt à une espèce qu'à l'autre, étant tout-à-fait indéterminé, l'agriculteur ne pourra se porter à sacrifier ses intérêts, en donnant la préférence à une variété d'oliviers qui ne le récompenserait pas suffisamment de ses travaux.

En parcourant les deux départemens de la Provence où l'on cultive l'olivier avec le plus de succès, on s'aperçoit que cet arbre y est moins vigoureux et moins élevé qu'en Espagne, en Italie et sur les côtes du Levant. Quelle est donc la différence qui frappe tous les regards, si ce n'est que dans ce lieu il n'y en meurt pas, et que, depuis 1709, en Provence il a péri six fois? Il ne peut donc arriver dans nos cantons, du moins que très-rarement, à ce degré d'élévation qu'il atteint dans d'autres contrées; car on pense communément que, croissant pendant cinq ou six siècles, sans les divers froids que nous avons endurés, ces arbres seraient comme celui du territoire de Cureste, dont parle Bouclu l'ancien, dans son *Histoire de Provence*, auquel on donnait neuf ou dix siècles de vie. Cet arbre, dit cet auteur, a le tronc creux et il est si gros, qu'une vingtaine de personnes pourraient s'y mettre à l'abri des injures du temps. Le pro-

6*

priétaire de cet arbre y établit, tous les ans, son petit ménage; il y couche avec toute sa famille, et il y a encore une petite place pour y mettre un cheval.

L'olivier croît lentement et vit long-temps. *Pline* dit que de son temps on voyait à Lintune des oliviers qui y furent plantés par *Scipion l'Africain*, et des voyageurs de ce siècle assurent que, dans la Palestine, on voit de très-beaux oliviers qui datent du temps des Croisades. En Asie, d'où ces arbres ont été transportés en Europe, on en cite d'une taille extraordinaire et et d'un âge qui l'est beaucoup plus; mais en Provence, où les Phocéens les apportèrent d'Ionie six cents ans avant Jésus-Christ, le froid les a toujours privés de ces rares avantages, et les a toujours maintenus dans l'état où nous les avons vus. Il est donc une loi générale que la nature impose à notre climat, et qui, dans le même siècle, nous condamne à voir périr plusieurs fois nos oliviers; il paraît donc impossible de les soustraire à ces funestes retours dont les siècles passés furent constamment les victimes, et qui menacent également la postérité.

Ce qui semble confirmer ce principe, c'est que, dans nos contrées, les oliviers qui vivaient depuis 1709 étaient parvenus à une très-grande beauté, et dans presque toutes les communes on en citait des pieds qui avaient bravé cent onze hivers; mais tous ces vieux habitans de nos vergers ont péri l'année dernière, et leurs noms sont déjà tombés dans l'oubli.

On a remarqué, dans cet arrondissement, que les quartiers qui avaient le plus souffert par les froids de 1789 et 1792, avaient été les plus ménagés par celui de 1820, et que le dernier froid avait anéanti ceux qui furent respectés en 1789.

Dans l'arrondissement de Marseille, on peut s'assurer que dans les endroits les plus abrités du vent du nord, dans les plaines, dans les lieux bas, toutes les espèces ont également péri : la *caïone* comme le *rouget*, et *l'olivier pleureur* comme le *caillet-roux*. Dans les lieux où le froid se fait un peu plus sentir, les rameaux ou les grosses branches ont été brûlés, sans égard pour les variétés, et enfin dans les endroits les plus élevés et les plus froids, les arbres n'ont eu que très-peu de mal : par-tout ils ont été indistinctement frappés, non à cause de leur espèce, mais en raison de leur situation topographique : il n'y a eu donc aucune espèce de privilégiée. Le degré de froid était donc tel que là où il se faisait sentir, aucune espèce n'y pouvait résister. Il est donc certain qu'à moins d'une telle combinaison de circonstances, sur lesquelles il est imprudent de se reposer, communément 8 degrés de froid sont plus que suffisans pour détruire l'espèce entière des oliviers; ce qui doit faire perdre l'espérance de vaincre cet obstacle, parce qu'il est au-dessus des forces de l'humanité.

Mais si, dans le même siècle, la même catastrosphe donne plusieurs fois la mort aux oliviers; si les rameaux, les grosses branches ou le tronc de cet arbre, dont les poëtes firent honneur à *Minerve*, meurent si fréquemment dans nos contrées, de combien de force l'a doué la nature, pour se reproduire et réparer les désordres qu'il a soufferts? Après les froids les plus désastreux, jamais la Provence n'a eu recours à des contrées lointaines pour renouveler cette espèce; toujours elle l'a vue se refaire elle-même en peu de temps, et puiser dans son propre sein les élémens d'une nouvelle vie: sa racine bulbeuse, profondément cachée dans le sein de la terre, capable de résister aux plus grands froids, semble être le polype des végétaux et conserve à jamais une telle somme de vitalité, qu'elle voit, en peu d'années, une nouvelle race récompenser l'agriculteur du soin qu'il lui a prodigué. Dans l'espace de dix ans, les rejets de l'olivier sont assez formés pour donner passablement de fruits, s'ils sont dans un terrain approprié à leur qualité.

Pline avait donc raison de reprocher à *Hésiode* d'avoir été trop loin en disant que jamais homme n'avait vu le fruit d'un olivier qu'il avait planté; mais *Pline*, à son tour, ne mérite-t-il pas le même reproche lorsqu'il assure qu'en semant l'olivier dans des pépinières, on a du fruit deux ans après l'avoir planté? Cet arbre, avait dit *Virgile*, croît lentement; donc il ne donne du fruit, du moins en Provence, ni aussitôt que le dit *Pline*, ni aussi tard que le prétend *Hésiode*.

Le froid de 1820 a fait périr de préférence, dans les lieux mêmes où il a fait le moins de mal, les sujets jeunes, les arbres les plus âgés et ceux qui n'étaient pas bien sains; et dans les endroits où il a le plus exercé son action, tous ont péri: il est donc positif que, dans notre arrondissement, ce serait nuire à la vérité de l'histoire, que d'assurer que les bonnes espèces ont péri et que les autres ont résisté.

Demande.

Il importerait beaucoup, dit S. Exc., que vous pussiez m'indiquer celles de ces variétés capables de résister à une température déterminée, à 10 degrés de froid, par exemple; peut-être aussi jugerez-vous convenable de rechercher si telle variété, bien conservée dans certaines localités, ne serait pas la même que telle autre différemment désignée d'ailleurs; vous pourriez également étudier, dans diverses communes, les oliviers qui auraient été coupés ou taillés à des époques différentes, et noter les arbres actuellement observés, pour en faire, dans les années suivantes, l'objet d'un nouvel examen. On reconnaîtrait aussi les oliviers qui auraient repris le plus de vigueur, les arbres qui offriraient moins de force et de vie, et ceux qui ayant été coupés, mondés, et taillés à diverses époques, auraient donné les premiers fruits.

Réponse.

Je n'estime pas, d'après l'exposé que je viens de faire dans l'article précédent, qu'il existe dans notre arrondissement des variétés d'oliviers qui soient capables de résister à une température de 10 degrés de froid. Je dis dans notre arrondissement, car dans certaines contrées éloignées de la mer les oliviers endurent presque annuellement et sans dommage un degré plus intense de froid; mais dans la contrée d'où j'écris cette lettre, à 10 degrés de froid nous sommes assurés de les perdre, quelle que soit leur variété, à moins que quelques circonstances extraordinaires ne fassent çà et là quelque exception; mais l'exception suppose la loi.

Les oliviers cultivés dans la partie la plus septentrionale de la Provence sont ceux qui se trouvent à Digne et à Entrevaux : l'espèce la plus commune dans ces cantons est celle qui est connue sous le nom d'*olivier de Lucques*, à fruit odorant; *olea minor lucensis, fructu oblongo, incurvo, odorato* : Tournef., Instit., 599. Or cette variété, peu connue vers les côtes maritimes, est fort répandue aux environs de Nîmes, de Montpellier et de Béziers : elle est peu délicate, puisque l'année dernière elle a résisté, à Entrevaux, à 14 degrés de froid et peut-être davantage; mais elle perd ce précieux avantage lorsqu'elle est transplantée dans des climats moins rigoureux : elle a péri l'année dernière, à Marseille, où deux propriétaires avaient voulu l'y naturaliser depuis douze ans.

Semblable aux habitans du Nord qu'on transporte dans des régions plus tempérées, elle meurt souvent avant d'avoir pu s'y acclimater, ou elle finit par en partager les inconvéniens. Les arbres sont, comme nous, les enfans du sol qui les voit naître, et nous en recevons, les uns et les autres, un très-grand nombre d'impressions : les orangers que l'Espagne et l'Italie nous font parvenir dans nos climats, y perdent bientôt leur force et leur fraîcheur ; les fruits en sont moins beaux, moins parfumés; leur aspect est maladif, et la mort les attend au premier froid ; le cormier transplanté des Alpes sur le bord de la mer, donne des fruits inférieurs à ceux dont il se charge dans son âpre climat. Cet arbre, qui se plaît dans les frimas, perd de la majesté de son port et de la vigueur de son bois, dès qu'il aborde dans les contrées du midi.

Il est donc certain que si les oliviers des environs de Digne ou d'Entrevaux endurent 14 et même 16 degrés de froid, ils ne conservent pas cette puissance lorsqu'ils se sont accoutumés dans nos climats : on dirait même qu'ils la perdent en raison directe de l'éloignement du point de leur départ. Il est présumable néanmoins qu'ils résisteraient, dans nos climats, à un degré plus intense de froid, que ceux que nous cultivons avec tant de prédilection; mais il est probable que cette différence, si elle existait réellement, n'engagerait jamais le propriétaire à les adopter, au détriment de ceux qui lui sont plus particulièrement connus.

Dans les environs de Tarascon, il existait un olivier dont les rameaux s'étendaient à 40 pieds du tronc; il avait vu périr trois fois tous ses contemporains, et l'on savait, par tradition, que le froid de 1709, qui avait causé la perte de ceux du pays de Gênes, ne lui avait fait aucun mal; un autre olivier du village de Maussane, portait le nom glorieux de *Roi*, à cause de son âge et de sa taille gigantesque : les habitans du lieu ne pouvaient citer l'époque de sa naissance, et le croyaient plus ancien que celui de Tarascon. M. *Audibert de Tournelle*, écrivait, il y a dix ans, à M. *Michel* d'Aix, qui a publié le *Traité des arbres et arbustes* de *Duhamel*, rédigé par *Loiseleur des Longchamps*, que si l'on tâchait de multiplier de tels arbres, on pourrait espérer peut-être d'avoir des individus plus robustes et dans le cas de résister aux froids les plus rigoureux; il pensait aussi qu'on pouvait les transplanter, par gradation, dans des climats plus froids.

Je ne sais jusqu'à quel point cette conjecture peut être fondée; mais on sait, comme l'avait dit Pline, que l'état des oliviers ne dépend que du climat et de la nature du terroir, et qu'en général, jusqu'à ce jour, ces sortes de transplantations d'oliviers n'ont rien produit d'utile à l'agriculture. Il faut à ces arbres un climat tempéré et égal; en Europe, quelques efforts qu'on ait tentés, ils n'ont jamais pu être cultivés avec succès au-delà du 45e. degré de latitude, quoiqu'on ait pu les conserver en pleine terre beaucoup plus loin, dans le Nord, et même jusqu'en Angleterre; mais la brièveté des étés et leurs trop faibles chaleurs les ont empêchés de rapporter du fruit, ou au moins ne leur ont jamais permis de mûrir. Les froids, comme le dit M. Michel que nous avons déjà cité, nuisent moins aux oliviers par leur intensité, que parce qu'ils succèdent souvent à des temps plus doux. On les a vus périr, par les effets d'une gelée ordinaire, lorsqu'ils étaient en sève, et résister, hors de cette époque, à une température de 10 à 12 degrés au-dessous de la congélation.

Ainsi, cette grande variété dans la température, que la main de l'homme ne peut maîtriser, est la source la plus féconde des désastres qui atteignent l'olivier; et lorsque, pendant des siècles, l'agriculteur a souffert les mêmes pertes avec tant de résignation, c'est l'indice le plus certain qu'il était impossible de les prévenir; car il faut supposer qu'il connaît assez bien ses intérêts, et qu'il sait apprécier les méthodes qui peuvent lui convenir. Les oliviers, ainsi que les orangers de Nice et d'Hières ont péri, dans tous les temps, en Provence, en Languedoc, sur les côtes de la Ligurie et ailleurs, et en Provence plus souvent que dans les autres endroits : la latitude de cette contrée, d'après ce qu'on doit conclure de l'expérience des siècles passés, ne leur accorde qu'une durée très-limitée. De toutes les contrées où on les cultive, la Provence et le Languedoc sont celles où la température est la moins élevée. Il paraît donc qu'on doit s'y contenter de les posséder seulement pendant un certain temps; et si l'Italie méridionale, les îles de la Méditerranée, les côtes de la Grèce, de l'Espagne, celles d'Afrique et d'Asie les conservent éternellement, ou du moins plus long-temps que nous, c'est qu'elles n'éprouvent jamais le degré de froid qui leur donne si souvent la mort dans nos climats.

Du temps de J. César, la Gaule ne cultivait et ne connaissait que la vigne de Marseille. Après les conquêtes de ce dictateur, la Guienne et la Bourgogne n'avaient point de vin, mais la Neustrie se glorifiait de ceux qu'elle recueillait : de nos jours, la Neustrie n'en a plus, et les vins de Bourgogne et de Bordeaux font les délices des connaisseurs ; l'olivier voudrait-il passer dans d'autres régions ? La Provence perdrait-elle de sa primitive chaleur ? Le refroidissement de cette partie de la France tiendrait-il au déboisement des montagnes qui l'entourent ? Le globe prépare-t-il quelque nouvelle révolution ?

Pour ce qui concerne les variétés qui portent des noms différens, suivant les diverses contrées qui les cultivent, il n'y a pas de doute qu'elles n'aient souvent jeté les observateurs dans l'embarras, et qu'en comparant les rapports des cultivateurs, ceux-ci n'aient réellement cru que telle espèce avait péri de préférence à telle autre, dans les derniers froids, quoiqu'en effet elle eût été moins maltraitée. Mais, comme nous l'avons déjà remarqué, toutes les espèces ayant également souffert en 1821, dans les cantons où le froid s'est vivement fait sentir, et dans les autres, les variétés qui ont moins souffert n'étant pas les mêmes par-tout, cette confusion de désignation n'énonçant qu'une erreur facile à corriger, ne pourra jamais présenter que de très-légers inconvéniens.

Il en est autrement des oliviers qui ont été coupés, taillés ou émondés à des époques différentes : on a généralement observé que ceux qui l'avaient été avant le froid avaient davantage souffert; mais comme les arbres auxquels on n'avait pas touché, avaient été en même temps fort maltraités, on n'a pas manqué d'attribuer à la taille le surcroît de dommage qu'ils avaient enduré. Il en est donc resté ce principe d'agriculture, qu'il était imprudent de soumettre l'olivier à la taille avant le froid.

Virgile dit que l'olivier ne demande point de culture, et qu'il n'a besoin ni de la serpe ni du râteau :

Contrà non ulla est olei cultura : neque illæ
Procurvam exspectant falcem, rastrosque tenaces,
Cùm semel hæserunt arvis, aurasque tulerunt.

GEOR., lib. II.

Columelle ne conseille la taille que tous les huit ans : on sait qu'on ne taille pas les oliviers dans tous les pays. L'olivier sauvage s'arrondit de lui-même, et se charge de fruits plus nombreux que l'espèce la mieux cultivée. Ce n'est que depuis environ soixante ans qu'en Provence on pratique cette opération entre le Rhône et Marseille; cet usage s'est introduit encore plus tard dans le département du Var, et Toulon n'a suivi cet exemple que depuis un petit nombre d'années, puisque c'est à M. de Suffren, de Salon, qui vit encore aujourd'hui, que les cultivateurs de cet excellent terroir sont redevables de cette pratique que tant d'auteurs ont blâmée. M. Bernard, dans son excellent mémoire, couronné par l'Académie de Marseille en 1782, assure que la taille des oliviers a de beaucoup augmenté le produit de ces arbres, mais que toutes les méthodes n'ont pas été également avantageuses (1).

Chaque espèce d'oliviers demanderait une taille particulière, et c'est précisément ce qu'on n'a jamais fait jusqu'à ce jour. On procède malheureusement à cette importante opération comme dans la coupe des forêts, et toutes les variétés sont soumises à la même loi; ce qui entraîne les plus graves inconvéniens. On croit pourtant que la taille nuit plus à l'arbre qu'elle ne lui est utile; sans cesser de la pratiquer, plusieurs agriculteurs instruits ont pensé qu'elle pouvait entrer pour quelque chose dans la mortalité si souvent renouvelée de nos oliviers; mais leur opinion n'a produit aucun bien et la

---

(1) Voyez le Mémoire précité d'*Olivier*, de l'Institut. (*Note de M. Bosc.*)

taille a été continuée. Rien, dans l'agriculture du midi, n'est moins régulièrement suivi que cette pratique; mille méthodes contradictoires sont également prônées; les ouvriers les plus ignorans sont communément chargés de ce travail, et chacun d'eux a sa routine dont, aucun conseil, aucune prière, ne sauraient le détourner. C'est en vain que les *Couture*, les *Loquey*, les *Bernard*, les *Suffren*, les *Sinetty*, les *Michel*, les *Olivier*, les *Béraud*, donnèrent d'excellens préceptes sur ce point : le bien qu'ils ont proposé n'est pas encore fait; cette branche essentielle de la culture de l'olivier semble attendre une législation nouvelle qui en fasse disparaître au moins les principaux abus.

LETTRE

De M. Servezane, *Correspondant du Conseil d'agriculture à Uzès, département du Gard, à S. Exc. le Ministre de l'intérieur, en date du* 1er. *avril* 1821.

Monseigneur,

Je répondrai avec d'autant plus de plaisir aux questions que vous avez bien voulu me transmettre par votre lettre du 31 janvier dernier, que leur origine ne m'est peut-être pas étrangère. Je les ai signalées à nos autorités, aux Académies de Nîmes et de Marseille, et je ne puis voir qu'avec satisfaction l'intérêt que paraît y attacher le Conseil d'agriculture; aussi ferai-je tous mes efforts pour contribuer au succès de ses recherches : seulement, je dois prévenir que, me déplaçant peu, mes observations ne peuvent être que bien circonscrites.

Sur huit cantons dont se compose l'arrondissement d'Uzès, quatre seulement possèdent une assez grande quantité d'oliviers.

Leur mortalité sur nos coteaux bien exposés peut être évaluée à un huitième à-peu-près. Les arbres restans, quoique maltraités, commenceront dès cette année à donner quelque fruit.

Les pertes ont été beaucoup plus considérables dans la plaine : un tiers au moins y a péri, et le reste est généralement si appauvri, qu'on ne peut en espérer de récoltes que dans plusieurs années.

Trois mortalités rapprochées ont dépeuplé nos plus vastes champs. Le courage de nos cultivateurs en est abattu, et la perte totale de cet arbre précieux n'est qu'ajournée pour cette contrée, s'il n'est ravivé par quelque amélioration dans sa culture.

Si les plus heureuses découvertes sont dues parfois aux plus simples observations, l'analyse peut seule utiliser, en les fixant, les leçons de l'expérience.

Il serait donc doublement heureux, en signalant des espèces ou variétés de l'olivier qui paraissent plus vivaces, de pouvoir démontrer, par une définition exacte de l'action de la gelée sur cet arbre, que ces variétés doivent en effet lui résister davantage.

Il faut, pour me rendre plus sensible, qu'on veuille bien me permettre une petite digression.

Les arbres toujours verts (les résineux exceptés, *ô altitudo!*) sont ceux qui ne peuvent résister aux grands froids.

Pour rester toujours verts, cela suppose en eux une sève permanente, un humide radical plus abondant.

Cela convenu, si on applique à de tels arbres le principe reconnu de l'action de la gelée sur les corps humides, leur désorganisation ne peut plus être un mystère.

Pourquoi s'étonnerait-on de voir le tronc de notre arbre se fendre avec éclat, son écorce se crevasser et se détacher, ses rameaux encore peu ligneux être entièrement désorganisés? N'est-ce pas là l'effet que doit produire l'air libre contenu dans un fluide aqueux, réuni par la pression de ses globules et devenu assez puissant pour se faire jour?

Ce ne sera donc pas un degré de froid déterminé qui fera périr nos oliviers, mais bien l'état de végétation ou d'humidité dans lequel le froid les saisira.

C'est ainsi qu'en 1795 une végétation précoce et un froid tardif de 7 à 8 degrés au plus, firent périr des olivets bien exposés et qu'avait respectés le désastreux hiver de 1789.

C'est ainsi que 10 degrés de froid ont suffi,

ce dernier hiver, pour ravager nos plaines par une transition de température la plus extraordinaire qu'on eût jamais éprouvée peut-être dans ce climat, le thermomètre marquant 12 degrés au-dessus de zéro, la veille, et nos oliviers se trouvant encore en végétation.

De nombreuses observations toutes concordantes ne m'ont rien laissé à désirer pour me convaincre de cette vérité, que la gelée a tourmenté nos arbres en raison du degré d'humidité ou de sève qu'ils avaient alors.

L'espèce qui se distingue par un plus rapide accroissement est sans contredit celle en qui le mal a été d'abord sensible, et qui a le plus généralement souffert ;

Les arbres qui, fortement cultivés, avaient un grand luxe de végétation;

Ceux qui, placés sous des murs d'abri, suffisant pour prolonger leur végétation, mais non point assez pour les protéger sensiblement contre un froid rigoureux ;

Ceux qui, dans un terrain profond résistent en été à l'ardeur de notre soleil, et reçoivent alors une forte impulsion de végétation qui peut se soutenir jusqu'au cœur de l'hiver : tous ces arbres, dis-je, ont évidemment plus souffert que les autres.

Et si à ces conditions de mort se joignent encore un sol naturellement humide, des pluies abondantes, ou la neige suivie d'un degré de froid suffisant pour les envelopper de glace, avant sur-tout que des froids précédens et progressifs n'en aient concentré la sève et resserré le bois, notre arbre court les plus grands dangers.

Le mûrier, arbre qui se dépouille et dont la sève se replie dans les racines dès les premières impressions du froid, est venu cette année nous offrir le complément de cette preuve. Si le tronc de presque tous ces arbres a éclaté, et du même côté, celui qui est en regard du midi, n'est-ce pas parce que la sève dans cette partie de l'arbre, abritée par le reste du tronc lui-même, n'y avait pas encore été suffisamment comprimée et refoulée?

Heureusement que la fente produite par cet éclat dans un arbre dont les tubes capillaires sont droits et dont l'écorce, en hiver, a une forte adhérence à l'aubier (ce qui établit une différence absolue entre nos deux arbres), ne peut avoir d'autre conséquence qu'une légère altération, et qui, au plus, se fera sentir dans l'éloignement.

D'après ces observations, qu'une infinité de rapprochemens m'autorisent à présenter avec confiance, il semblerait que le moyen de conserver l'olivier serait celui de suspendre entièrement sa végétation à l'approche de l'hiver.

Comment atteindre ce but sans nuire à ses progrès?

J'ai signalé les causes de sa destruction, je laisse à de plus heureux la gloire ou le bonheur de lui trouver de nombreux moyens de conservation.

Ils me paraissent bien difficiles, pour ne pas dire désespérans.

Pourrait-on conseiller à nos agriculteurs de renoncer à la greffe, à la taille, aux fortes cultures, aux engrais, afin de donner plus de densité au bois de cet arbre en l'abandonnant au plus lent accroissement?

Oserait-on, quand nos pères avaient eu l'heureuse audace d'en peupler tous nos champs, les engager à ne confier cet arbre précieux qu'à ce petit nombre d'expositions privilégiées que des mortalités consécutives ont épargnées, et où cet arbre ne se conserve si bien que parce qu'il n'y croît qu'avec beaucoup de lenteur?

Il est de ces coteaux couverts d'une si légère couche de terre végétale, et qui se dessèche tellement en été, que l'olivier, privé de sucs, y pâlit extrêmement et se dépouille en partie de ses feuilles. Les pluies d'automne ne peuvent raviver sa végétation, et c'est évidemment à ce degré d'appauvrissement qu'il éprouve à l'entrée de l'hiver, qu'est due sa conservation.

Comment se livrer à cette imitation? On ne retrouverait pas probablement en d'autres expositions les avantages que celles-ci présentent à notre arbre, ceux d'une très-rapide végétation dès les premiers mois de l'année.

Il est temps que je le dise, tout mon espoir pour la conservation de l'olivier dans cette contrée s'attache à une seule pensée, celle de multiplier autant que possible les espèces ou variétés de cet arbre qui paraissent être plus vivaces. Qu'il me soit permis de transcrire ici ce que j'ai dit depuis cette dernière mortalité.

« De tous les arbres que nous cultivons, l'o-
» livier est peut-être celui qui présente le plus
» d'espèces ou variétés.

» Chaque quartier semble cultiver celles que
» le hasard lui aurait confiées ou qu'il aurait
» adoptées par des choix très-circonscrits, puis-
» qu'il n'est pas rare de ne plus retrouver à
» quelque distance les espèces les plus estimées
» dans le pays voisin.

» Ne serait-il pas possible que nous eussions
» cultivé pendant des siècles des espèces déli-

» cates, qui ne peuvent résister aux trop fortes » anomalies de notre température, quand il en » existerait qui, toutes conditions égales, luttent » contre les hivers les plus rigoureux et ne tom- » bent le plus souvent que de vétusté ?

» Ce n'est point une question tout-à-fait ha- » sardée de ma part, de fortes inductions me » portent à le croire.

» Si dans nos champs dévastés par les mor- » talités successives, il reste encore çà et là quel- » ques-uns de nos arbres, ils appartiennent » presque tous à la même espèce, et semblent, » s'étant seuls conservés, nous offrir une grande » leçon.

» Les quartiers où cette espèce se trouve plus » cultivée n'ont eu que peu de mal.

» Parmi des pépinières nombreuses, où toute » autre espèce a été plus ou moins endomma- » gée par ce dernier hiver, celle-ci est restée in- » tacte sans aucune exception.

» On voit, sur la lisière des Cevennes, de » beaux olivets bien conservés, que n'ont pas » entamés les hivers qui ont détruit les nôtres, » et ce ne sont pas les mêmes espèces que nous » cultivons. Ce bonheur ne tiendrait-il qu'à l'ex- » position ?

» A la vérité, les espèces qui paraîtraient les

» plus vivaces ne seraient pas toujours les plus » productives. Celle dont je parle en est un » exemple. Aussi serait-elle une faible ressource » si elle n'avait l'avantage de recevoir parfaite- » ment les greffes des plus fécondes; et de nom- » breux exemples m'autorisent à affirmer que » si cet arbre n'a pas toujours transmis sa vi- » gueur aux rameaux adoptifs, il n'a pas tardé » non plus à se couvrir de belles pousses au- » dessous des greffes. Cette preuve qu'il est plus » robuste laisserait encore l'espoir d'un produit » prochain, dans le cas où l'on serait obligé de » le ravaler après une mortalité de ses greffes. » Ce ne serait qu'un retard, une suspension de » produit.

» Je pense en avoir dit assez, sinon pour fixer, » du moins pour éveiller l'attention d'une So- » ciété d'agronomes.

» Quel droit, en effet, n'aurait pas acquis à » la reconnaissance des peuples de cette con- » trée, une commission d'hommes éclairés qui, » après avoir parcouru une certaine surface du » littoral pour y reconnaître, par de nom- » breuses comparaisons, les espèces les plus vi- » vaces et les plus précieuses, nous les signalant » ensuite avec certitude, préserveraient peut-être » ce pays de ces fréquentes mortalités qui dés-

» honorent nos champs et nous désespèrent?
» Qui n'aimerait mieux attacher son nom à
» ce seul et modeste bienfait, qu'aux plus bril-
» lans succès de vingt horribles batailles? »

Il est possible que des observations générales nous signalent plusieurs variétés évidemment plus vivaces. Chaque quartier a, sous ce rapport, son espèce de prédilection.

Villeneuve et Beaucaire vantent le *boutignau* (*olea minor, rotunda, racemosa*. Tournefort, nº. 13), et que plusieurs auteurs disent être plus vivace. N'est-ce pas sur parole? Il a bien ce qui, à mon sens, fait la conservation de cet arbre; *il croît très-lentement; son bois durcit beaucoup en hiver, conserve moins de sève* et se trouve, d'après mes aperçus, moins sujet à être désorganisé par les gelées.

Mais, je dois le dire, il n'a pas résisté parfaitement à l'hiver de 1820, dans un champ d'épreuve, par son exposition peu favorisée, où j'ai réuni, depuis plusieurs années, les espèces les plus accréditées dans nos environs. Les deux tiers ont beaucoup souffert dans leurs rameaux, que j'ai été obligé de ravaler. Fortement cultivés, ils étaient pleins de luxe et peu ligneux. Aucun tronc n'a péri. Cet arbre étant d'ailleurs fructueux et donnant de l'huile de bonne qualité, il mérite, je crois, d'être compté parmi ceux qui peuvent être notés favorablement.

Les environs du pont du Gard, Saint-Bonnet, Bezoulle, préconisent une espèce qu'on ne retrouve pas ailleurs à de grandes distances, et qui porte, dans ce quartier, un nom qu'on donne généralement, dans les environs, à une tout autre espèce. C'est le *vermillaou* ou *vermillau.*

N'ayant pu trouver la description de cet arbre dans aucun de nos auteurs et nomenclateurs en cette matière, je vais essayer d'y suppléer.

Son tronc est élevé, droit et lisse en général; ses branches ont une tendance naturelle à se déployer et prendre une direction de 45 degrés; ses rameaux, rares, légers et flexibles, se rangent avec le moindre art et parent son pourtour d'une manière régulière; ses feuilles, fines et très-lancéolées, sont du vert le plus pâle. Son fruit est de moyenne grosseur, de forme oblongue; sa couleur, jaune et rouge d'abord, finit par noircir s'il mûrit bien.

J'ai visité les communes où cette espèce prédomine, et qui m'a paru en effet avoir éprouvé beaucoup moins de mal que les autres espèces, toutes conditions égales. Elle avait également résisté aux mortalités précédentes, ces arbres y étant très-gros et en plus grand nombre que dans tous nos environs. Le pays, il faut le dire, est parfaitement situé pour la conservation de l'olivier. Si cet arbre se retrouve ailleurs, et que d'autres observations confirment ce témoignage, il ne saurait être trop recommandé. Il est sans contredit le plus beau des oliviers de cette contrée, autant par son volume que par l'heureuse forme dont la pousse régulière de ses rameaux le rend susceptible. Sans être très-fructueux, il donne autant d'olives qu'un autre, à raison de de l'étendue de ses branches, et de plus elles produisent beaucoup d'huile et d'excellente qualité. Toutes les conditions pour lui mériter la préférence sembleraient se réunir en sa faveur, s'il était réellement bien démontré qu'il fût plus vivace. Je serais très-disposé à le croire; son bois est très-dur en hiver, et son développement est lent, à raison du volume qu'il peut acquérir (1).

Réuni aussi, depuis quelques années seulement, dans mon champ d'épreuve, il faut bien que je le dise, il n'a pas bien résisté. Je dois observer, afin d'être exact, que les arbres de cette

---

(1) Cette variété, que j'ai vue aux environs d'Anduze, se trouvant à l'extrémité de la zone où croissent les oliviers, doit peut-être au retard de sa végétation l'avantage d'avoir résisté à la gelée. (*Note de M. Bosc.*)

espèce se trouvaient presque tous placés sous un mur d'abri qui en avait prolongé la végétation jusqu'au moment du grand froid ; qu'ils étaient greffés depuis 2 à 3 ans, et qu'ils avaient très-grand luxe de végétation.

Mais l'espèce qui me paraît décidément avoir le mieux résisté à cette dernière mortalité, comme à toutes les précédentes, est celle dont j'ai déjà parlé dans l'article extrait du mémoire précité.

Elle est généralement connue, dans cette contrée, sous le nom de *verreau* ou *averreau*. (*Olea media, rotunda, viridior.* N°. 11 de Tournefort.) Son bois est très-dur en hiver ; il est sur-tout du plus lent accroissement.

Toutes conditions égales, cette espèce n'a éprouvé que de très-légères atteintes dans mon champ d'épreuve.

Tous les renseignemens qui me sont parvenus des communes où cet arbre se cultive de préférence, s'accordent à lui rendre le même témoignage.

Malheureusement, cette espèce n'est pas également accréditée sous le rapport du produit. Elle a des variétés peu fructueuses, et je crois bien qu'elle ne réussit pas dans toutes les expositions. Aussi les auteurs en parlent-ils d'une manière tout-à-fait différente.

Toutefois, il s'en faut bien qu'elle soit aussi infructueuse que certains le disent ; elle produit au contraire, très-passablement, dans les expositions qui lui sont favorables. Elle se plaît aux abris, sans quoi son fruit, gros et pesant, qui ne s'attache que par un mince pédicule à des rameaux élevés et fortement agités par les vents, se meurtrit, s'éparpille et ne foisonne pas dans les champs trop à découvert. Ce fruit, gros et charnu, qui s'adoucit aux moindres lavages, est excellent pour la table : il donne beaucoup d'huile et de très-bon goût, quoi qu'on en dise.

Mais s'il réussit moins bien en plaine, il a, comme je l'ai dit, la propriété de recevoir parfaitement les greffes des espèces les plus fructueuses, et qui prennent sur son tronc un facile développement.

Comme je l'ai dit aussi, de nombreux exemples me portent à croire que si la greffe adoptive ne participe pas toujours de la vigueur du tronc, celui-ci, lui survivant, offre encore des produits rapprochés.

Eh! quand bien même on serait réduit à ne pas le greffer, comment, avec la certitude qu'il résiste aux plus désastreuses gelées, pourrait-on lui refuser, sinon une préférence exclusive, du moins une bonne part dans nos olivets? Ne dût-il donner qu'une moitié, un tiers du fruit que produirait toute autre espèce, n'est-il pas sensible que si, en trente ans, nous avons éprouvé trois fortes mortalités, deux champs, dont l'un complanté de cet arbre et l'autre l'étant des variétés les plus fécondes, la somme des produits du premier champ, toujours fructifiant, serait plus grande aujourd'hui que celle du dernier, dont la plupart des arbres, depuis cette époque, auraient été plusieurs fois mutilés ou arrachés?

J'ai dans le même champ aussi quelques oliviers pour la table, l'*olive à la rose*, *prune* et *datte*, qui n'ont éprouvé aucun mal, et que je cite comme une preuve de plus de la probabilité de mes données. Ces divers arbres sont peu fructueux et du plus lent accroissement.

Je prendrai la liberté de recommander d'autant plus ce moyen de conservation de notre arbre, qu'il ne faut pas se dissimuler que tous les divers modes de culture, de taille, d'amendement, voire même la précaution de recouvrir le pied du tronc à l'entrée de l'hiver avec des fumiers ou des terres, ne sont que des pratiques impuissantes, et qui n'ont produit aucun bon effet sensible aux yeux des hommes sans prévention.

Si le désir d'offrir quelques matériaux à nos

maîtres de l'art ne m'a pas fait trop dépasser le but ; si Son Exc. veut au contraire me permettre de lui faire hommage des Mémoires que j'ai adressés aux différentes académies du midi, sur la restauration et la conservation de cet arbre précieux, je serai flatté de pouvoir lui offrir encore cette preuve de mon amour et de mon zèle pour la prospérité de l'agriculture dans cette contrée.

Je suis avec respect, etc.

MÉMOIRE

Sur la mortalité des Oliviers en 1820, et l'établissement de pépinières pour acclimater ces arbres.

Par L.-A. D'Hombres-Firmas,

Chevalier de l'ordre royal de la Légion d'honneur, Maire de la ville d'Alais, département du Gard; Correspondant du Conseil royal d'agriculture, et membre de plusieurs Sociétés savantes nationales et étrangères.

Dans mon mémoire sur le froid de janvier 1820 (1), en traitant de ses effets désastreux et de la perte d'une partie de nos oliviers, sans contredit le plus grand mal qu'il ait occasionné, j'observais que l'*exposition*, *l'élévation*, *la cuisure des olivettes*, *l'âge*, *la vigueur et l'espèce des oliviers*, *étaient autant de causes qui avaient balancé l'action de la gelée.* Je vais tâcher de ré-

(1) Adressé au Conseil et à la Société royale d'agriculture, imprimé dans le *Journal de physique et d'histoire naturelle*, nº. d'août, tom. XCI, pag. 81.

pondre à l'invitation que m'a fait l'honneur de m'adresser S. Exc. le Ministre de l'Intérieur, en donnant quelques développemens à ces observations, et en y ajoutant celles que j'ai faites depuis.

§ Ier. *Influence de l'exposition sur les olivettes.*

Sans être jardinier ou pépiniériste, chacun sait fort bien que l'exposition exerce une grande influence sur les végétaux. Nous avons des olivettes sur les divers penchans des collines et dans les fonds qui les séparent, et nous remarquons que, dans le même terrain, les arbres abrités contre certains vents, exposés à l'action directe du soleil, sont les plus précoces, donnent une plus grande quantité de fruits, et que ceux qui se trouvent sur le revers opposé ou sur la crête d'une colline, craignent plus les hivers ordinaires et les gelées tardives du printemps. La moindre gelée blanche brouit les rameaux dans une olivette, et ne s'arrête pas sur une autre plus favorablement exposée.

En 1820, par une exception qui paraît singulière d'abord, mais dont on se rend bien raison, les olivettes les mieux exposées furent celles qui souffrirent le plus dans le Gard, et vraisemblablement dans les autres départemens méridionaux. Je citerai, avec M. *Laure* (1), *les oliviers avoisinant la plaine de Cogolin, la plus froide du département du Var, qui étaient dans un bien meilleur état que ceux des collines qui les avoisinent, et les oliviers de Bargemon, voisins des Alpes, qui furent moins endommagés que ceux d'Hières et de la Valette.* Mais je ne partage pas l'opinion de cet habile agriculteur et de quelques autres, qui pensent que le dommage occasionné aux arbres les mieux exposés provient de ce que leur végétation était plus avancée. Je l'attribue à la promptitude avec laquelle les arbres furent saisis par le froid, qui arrêta la sève, l'empêcha de rétrograder, lui fit rompre les vaisseaux qui la retiennent; je l'attribue encore au dégel, qui fit extravaser la sève entre les fibres du bois, entre l'aubier et l'écorce, où elle se gela de nouveau à diverses reprises.

Les mûriers qui, comme je l'ai dit, se fendirent instantanément tous du côté du midi, parce que le bois est plus lâche et la sève plus abondante de ce côté (2), attesteraient ce passage

---

(1) *Régénération des oliviers*, n°. II du *Bulletin de la Société d'agriculture du département du Var.*

(2) J'observais dans mon premier mémoire que ce ne furent que les arbres de dix à trente ans qui éclatèrent

subit d'une température modérée à un froid très-vif et très-intense, si je n'en trouvais la preuve dans les observations météorologiques. J'insisterai sur ce fait, parce que j'ai lu, non sans surprise, dans le rapport d'une Société d'agriculture recommandable, *que le froid n'avait pas été subit, qu'il s'était accru par degrés et avait été sans reprise* (1). Je puis dire que dans beaucoup d'endroits on a éprouvé le contraire.

J'observai à Alais, le 7 et le 8, au lever du soleil, le thermomètre à un demi-degré sous zéro, il faisait sans doute plus froid que les jours précédens, qu'on pouvait trouver chauds pour la saison; mais vingt-quatre heures après, le thermomètre tomba à 9°,5, et à Paris, à Toulouse,

---

ainsi, soit parce que les fibres des jeunes avaient plus d'élasticité, soit parce que les vieux avaient plus de force. Je disais qu'au dégel les troncs se refermèrent, que l'écorce se scellerait, que les arbres n'en vivraient pas moins, et que ce ne serait que comme bois de service après leur mort que cette fente intérieure nuirait à leur emploi. J'en ai vu l'expérience depuis, en faisant scier de vieux mûriers qui, en 1789, avaient éprouvé, dit-on, le même accident. Leur tronc est fendu, dans toute leur longueur du centre, jusqu'à 3 centimères de la circonférence du côté qui regardait le midi.

(1) *Journal des maires*, pag. 5472.

à Genève et sur le Saint-Bernard (je ne connais pas de tableaux météorologiques publiés ailleurs), il descendit aussi presque tout d'un coup de plusieurs degrés (1).

Je ne prétends pas que le froid fut moins intense dans les olivettes moins bien exposées, mais je puis bien supposer que le changement de température n'y fut pas aussi sensible, et que les arbres n'y éprouvèrent pas d'ailleurs une succession de gelées et de dégels partiels, comme ceux qui étaient abrités.

Le 11, le 12 et le 14 janvier, je vis le thermomètre au soleil monter à + 11°,75. + 19°,75. + 18°. Dans l'après-midi, tandis qu'il continuait de geler à l'ombre, que la nuit et les matinées le froid était extrême (1), une olivette exposée au midi dut être très-maltraitée par des gelées et des dégels successifs d'un côté des arbres, tandis qu'une autre, plus ombragée, déclinant vers le nord, n'aurait pas éprouvé ces alternatives ; dans celle-ci, les arbres ont pu résister au froid, si leurs sucs propres ont été répercutés graduellement, si leur végétation est restée suspendue tant qu'a duré le temps rigoureux.

---

(1) Voyez les détails dans mon mémoire cité ci-dessus.

§ II. *Influence de l'élévation des olivettes.*

La température des diverses couches de l'atmosphère varie sensiblement. On trouve, en gravissant une haute montagne, les climats des diverses latitudes et les plantes de diverses régions (1). Il est un terme au-dessus duquel l'olivier ne peut plus prospérer, comme il est une limite au nord de laquelle on n'en rencontre plus (2).

Indépendamment de son action sur la température, la hauteur absolue agit encore, comme le démontre M. le professeur Décandolle dans sa *Géographie des plantes*, sur l'intensité de la lumière et sur l'humidité ambiante, dont l'influence sur les végétaux est si manifeste.

Ce n'est pas ici le lieu d'examiner si, avant

---

(1) Et réciproquement on trouve le même climat à des latitudes et dans des pays très-éloignés les uns des autres. Voyez les Observations aussi curieuses que savantes de M. *de Humboldt*, sur les lignes isothermes, dans les *Mémoires de la Société d'Arcueil*, tom. III, pag. 462.

(2) On la trace sur la carte de France en faisant passer une ligne sur Carcassonne et Montélimart, qu'on prolonge jusqu'aux montagnes de la Savoie et des Pyrénées. Quant à la limite en hauteur, M. *Décandolle* l'établit à 400 mètres.

le déboisement des forêts, la zone cultivée en oliviers s'étendait davantage, tout nous porte à croire que le refoulement progressif de ces arbres précieux vers la Méditerranée n'est pas une vaine supposition. Il est positif que l'on ne plante plus d'oliviers dans les lieux élevés où nos aïeux en avaient, où il en reste encore de vieux troncs.

Nous avons de bonnes olivettes auprès d'Alais, à 200, 300 et 350 mètres au-dessus du niveau de la mer: elles sont certainement moins productives que celles des environs de Nîmes ou de Montpellier et de la Provence; mais je crois qu'en 1820 elles ont moins souffert à proportion. J'en ai une à Sauvages, à 316 mètres d'élévation, dans laquelle le dommage a été bien moins considérable que dans celles de la plaine, parce qu'à cette élévation la transition du tempéré au froid fut plus graduée. Dans ce domaine, aucun mûrier n'éclata par la congélation subite de la sève, qui agit comme de petits coins entre les fibres végétales des mûriers des vallées. Je perdis plusieurs oliviers, mais des espèces qui craignent davantage.

La végétation se manifeste avec plus de force et plus vite dans les olivettes moins élevées et mieux abritées. Il y a des espèces d'oliviers qui poussent et fleurissent plus tôt que d'autres; mais au commencement de janvier, cette différence est peu considérable, la sève n'est pas inactive dans les arbres les moins précoces, puisqu'il y en a dans lesquels elle ne s'est pas extravasée, qu'elle ne déchira pas les vaisseaux qui la renferment, quoique exposés au même degré et à un degré de froid plus considérable; il faut donc que la sève ait été répercutée graduellement vers les racines, où la gelée n'a pu l'atteindre.

§ III. *Influence de la culture des olivettes.*

La culture modifie les impressions qu'un arbre reçoit de l'atmosphère, en même temps qu'elle facilite le progrès de ses racines dans la terre. Je n'ai pas besoin de dire ici pour établir ce principe, qu'un arbre plus haut, plus touffu, est plus exposé au vent, craint plus les brouillards et les gelées blanches qu'un arbre nain, et que par conséquent la taille et l'époque de la taille des oliviers sont très-importantes, non-seulement parce qu'on enlève les branches inutiles ou gourmandes, et que la sève se porte alors plus abondamment dans les branches à fruits, mais encore parce qu'on coupe au vif le bois mort et les extrémités des branches affectées lors de l'olivaison, branches qui fatiguent les arbres.

Les labours et le fumier ou la terre neuve au pied des oliviers, n'agissent pas seulement comme amendement, il est constant qu'ils défendent la souche du froid ainsi que le tronc et les branches, en augmentant la force d'ascension de la sève, ou, en d'autres termes, parce qu'ils attirent, qu'ils conservent, et laissent moins dégager la chaleur de la terre et des végétaux.

§ IV. *Influence de l'âge des oliviers.*

Les jeunes oliviers ont plus souffert que les vieux, presque tous ceux plantés ou greffés depuis un an ou deux sont morts. Je l'attribuais, dans mon premier mémoire, à la manière dont nous les multiplions. L'usage ordinaire, je crois devoir le répéter ici, est de planter les drageons qui sortent naturellement du pied des arbres, ou ceux qu'on fait pousser des vieilles souches d'oliviers qu'on coupe rez terre lorsqu'ils ne produisent plus rien. La sève forme un bourrelet autour de l'écorce, d'où il sort beaucoup de jets; on choisit une demi-douzaine des plus beaux, des plus droits, pour les élever, et on élague les autres, ou bien on en forme des pépinières : on a soin de les défendre des bestiaux et sur-tout des chèvres, et quand ils ont acquis 4 à 6 centimètres de diamètre, on en laisse un en place sur la souche mère, et on détache les autres avec un morceau de cette souche (c'est ce qu'on nomme des *estacos*), ils sont dépourvus de pivot et n'ont que très-peu de chevelu : on les étête, afin qu'ils poussent en même temps des racines et des feuilles; mais ils font peu de progrès les premières années, et sont par conséquent plus sensibles au froid comme à la sécheresse.

Deux jeunes oliviers de 4 centimètres au plus de diamètre, provenus de semence, et qui n'ont ni été transplantés ni greffés, ne perdirent que leurs feuilles, au milieu d'une olivette et d'un canton ravagés par la gelée de 1820. On dira peut-être que ce n'est pas parce qu'ils étaient mieux enracinés que les *estacos* ou plantards, mais parce que les sauvageons résistent mieux que les arbres francs aux intempéries de l'air. J'admets cette raison sans renoncer à celle que j'ai voulu prouver, et je pense qu'il serait très-important de propager la culture des oliviers sauvageons dans plusieurs points de nos Cévennes, les mieux abrités si l'on veut : ils produisent moins d'olives, mais elles sont de bonne qualité, et quand même leur récolte serait peu assurée, on trouverait de grands avantages à former des pépinières de ces arbres, comme je le fais voir ci-après.

§ V. *Influence du froid sur les oliviers plus ou moins cultivés.*

Il semble que les oliviers les plus vigoureux devaient mieux supporter les rigueurs de l'hiver. Quand de deux arbres semblables et semblablement placés et cultivés, l'un périt et l'autre résiste, comme lorsque l'un pousse plus tôt que l'autre, on peut bien l'attribuer à leur plus ou moins de vigueur. Les oliviers en sont plus affectés dans le voisinage de la mer que dans nos montagnes ; plus dans telle qualité de terre que dans telle autre, lorsqu'ils sont mieux soignés ; et, toutes choses égales en apparence, il en est des arbres comme de tous les êtres organisés : il y en a qui sont plus beaux que d'autres, plus sains, plus robustes, moins susceptibles d'être atteints par les causes générales de maladies ; ce furent ceux-là qui se ressentirent le plus du froid en 1820 : ceux qui avaient produit beaucoup de fruit et par conséquent les plus robustes, furent les plus maltraités ! Épuisés par leur floraison et leur fructification, ils poussèrent moins de rameaux, et la récolte faite ils eurent moins de force que ceux qui avaient travaillé pour eux et porté peu d'olives.

§ VI. *Action du froid sur les diverses espèces d'oliviers.*

Nous avons plusieurs espèces ou plusieurs variétés distinctes d'oliviers. Je les distinguerai par leurs noms languedociens, parce que plusieurs n'ont pas de noms français, et que je ne suis pas d'ailleurs sûr de la synonymie de ces arbres, sur lesquels je n'ai point de traité particulier.

Les cultivateurs ne sont pas bien d'accord sur les espèces d'oliviers qui craignent plus ou moins le froid : tel a perdu ses *nëgrëtos*, par exemple, tandis que chez un autre les mêmes ont peu souffert; mais il est souvent difficile d'apprécier les influences de l'exposition, de l'âge, de la vigueur des arbres. Un propriétaire a perdu ses oliviers nouvellement plantés ou greffés, est-ce parce qu'ils étaient d'une espèce qui craint plus le froid, ou plutôt parce que ces arbres, fatigués par la transplantation ou la greffe, étaient moins vigoureux?

Dans toute la contrée, à toutes les expositions, les figuiers dits de *Versailles*, jeunes ou vieux, souffrirent beaucoup plus que ceux qui donnent les petites figues blanches appelées *blanquëtos*. Sans contredit nous pouvons décider que ces derniers résistent à un plus grand degré de froid que les premiers. La différence fut moins marquée entre les diverses variétés d'oliviers; il paraît cependant qu'en général la *verdalo*, la *sounglaou* ou *sounglarëto*, l'*aouraou*, la *nëgrëto* ou *nëgraou* ou *nëgralëto* et l'*oulivastrë*, ont plus souffert que la *grosso-nëgro*, la *pigëto*, la *couliasso*, l'*aoubano*, la *courniaou*.

§ VII. *Effets de la sécheresse et de la chaleur sur les oliviers.*

Après avoir joint ma voix à celle des agronomes du midi pour signaler les funestes effets produits par la gelée de janvier 1820, je crois devoir ajouter ici quelques observations sur une cause opposée qui fit peut-être autant de mal à nos oliviers, sur laquelle il est étonnant qu'on ait gardé le silence.

L'été de 1820 fut très-sec et très-chaud (1);

(1) La température moyenne de juin, juillet et août, fut au nord et à l'ombre + 26°, et au soleil + 48°, 9. Le thermomètre monta à l'ombre à + 35°, 75, et au soleil à + 57°. Dans son minimum, il ne descendit qu'à + 16°. L'hygromètre monta une seule fois à 88 deg. Il

beaucoup d'arbres qui avaient conservé un reste de vie furent desséchés par un soleil brûlant, ceux sur-tout qu'on recepa dès le printemps eurent d'autant plus à souffrir. La suppression d'une principale branche est déjà une maladie dans un arbre sain, quoique faite dans des circonstances favorables; quelques personnes coupèrent, firent de larges plaies à des arbres dont toutes les forces vitales devaient être employées à lutter contre les effets désorganisateurs du froid: qu'en arriva-t-il? La sève s'écoula en pure perte; le contact de l'air et le hâle la faisaient évaporer sans qu'elle pût produire de bourrelet et faire recouvrir le bois d'une nouvelle écorce (1).

---

descendit plusieurs fois à 35; son médium fut 50 deg. Il plut une fois en juin, trois en juillet, et six en août; il tomba peu d'eau, excepté à la suite de fréquens orages. Voyez le résultat de mes *Observations météorologiques* de 1820, d'où j'ai conclu que cette année, remarquable par un froid extraordinaire, fut néanmoins plus chaude et plus sèche qu'aucune de celles qui l'ont précédée depuis dix-huit ans que j'observe.

(1) L'onguent de Saint-Fiacre pouvait prévenir en partie ces inconvéniens; mais le conseiller dans un traité et le faire employer aussi en grand par les paysans, sont deux choses différentes.

Rien de mieux sans doute que de couper rez terre les arbres décidément morts ; il convenait également de receper jusqu'au vif ceux dans lesquels une sève corrosive et puante, extravasée sous l'écorce gercée, pouvait carier le bois et faire des progrès comme la gangrène sur les parties saines.

Je fis élaguer, comme je le fais habituellement à la fin de l'hiver, ceux qui n'avaient que de petites branches sèches ; mais je pensai, avec quelques agriculteurs expérimentés, qu'un arbre aussi vivace que l'olivier revient de loin ; que son tronc presque sec et pourri peut encore se couvrir de rameaux, s'il lui reste d'un côté une lanière d'aubier. La sécheresse m'a fait perdre une partie de ces oliviers malades ; mais en seraient-ils moins morts, si je leur avais coupé les branches et détruit par là leurs racines, la vie des unes, d'après nos professeurs, dépendant de l'existence des autres ?

Il peut être difficile d'enlever aujourd'hui les vieux troncs sans endommager les rejetons qui les entourent ; on y parvient néanmoins avec un peu d'adresse et de patience, et il n'y a pas d'inconvénient à les laisser subsister quelques années, jusqu'à l'époque où une partie de ces rejetons, élevés comme je l'ai dit précédemment, auront acquis assez de grosseur et de force pour être transplantés ailleurs. En ce point, comme en tout ce qui a rapport aux soins généraux des olivettes, je suis parfaitement d'accord avec M. Laure, dont une Société d'agriculteurs éclairés du pays où l'on cultive le mieux l'olivier a couronné l'ouvrage. Je ne grossirai pas ce Mémoire en répétant les préceptes qu'il a publiés, ou en donnant des détails de culture qui doivent varier suivant les localités, ou plutôt selon l'état actuel de nos arbres.

§ VIII. *Unique moyen de remédier aux effets de la gelée des oliviers.*

La rareté, la cherté des plants d'oliviers (1); le temps nécessaire pour qu'ils soient en plein rapport; les intempéries des saisons, qui emportent souvent leurs récoltes; les hivers rigoureux que nous avons vus deux fois, dans trente ans, détruire en partie les plus belles olivettes, ne

(1) Avant la mortalité, les *estacos* nous coûtaient 40, 50 sous et jusqu'à 3 francs la pièce non greffées. Il paraîtra bizarre que l'effet de la mortalité des oliviers soit de les rendre plus communs et à meilleur compte, il n'est pas moins vrai que les buissons qui poussent de chaque souche donneront dans peu d'années un nombre immense de plantards.

sont pas les seules causes de la diminution trop réelle d'une culture très-importante pour la France. De savans agronomes, dans leurs écrits, appellent depuis long-temps notre attention sur l'olivier, se récrient sans cesse sur l'insouciance, sur l'espèce d'abandon que nous témoignons, disent-ils, pour cet arbre précieux. Peuvent-ils espérer qu'un propriétaire qui ne consultera que son intérêt propre, fasse des pépinières ou des plantations d'un arbre si long à croître et dont le produit est si incertain, tandis que, dans plusieurs cantons du midi, il est réellement plus avantageux de cultiver la vigne ou les mûriers.

Le gouvernement peut seul arrêter la dépopulation croissante des oliviers, et en faire étendre la plantation, en donnant quelques encouragemens aux agriculteurs, et en faisant établir des pépinières départementales.

Une pépinière dans ce pays offrirait de grands avantages et produirait bientôt l'intérêt de ce qu'elle aurait coûté les premières années. La facilité d'avoir des arbres forestiers engagerait les propriétaires à replanter des bois; on s'y procurerait des arbres exotiques utiles ou agréables; on y réunirait, on pourrait y comparer les diverses espèces de vignes et d'arbres à fruit;

on y multiplierait sur-tout et l'on y vendrait à bas prix des mûriers, des châtaigniers et des oliviers.

Si le gouvernement voulait établir une pépinière dans le Gard, je crois et je peux démontrer qu'elle serait très-favorablement placée aux environs d'Alais. Quoiqu'il soit très-naturel qu'en désignant mon pays pour cet établissement, je pense à l'avantage que mes concitoyens pourraient y trouver, d'autres raisons d'intérêt général me déterminent. M. Thouin, que je puis citer ici comme autorité, dit positivement que *l'exposition d'une pépinière dans le sud de ce royaume doit être celle du nord* (1). Nous sommes au nord du département, au pied des Cévennes; nous trouverions une situation convenablement abritée par les coteaux qui nous avoisinent; nous avons toutes les variétés de terrains, de bonnes eaux pour l'irrigation, une température à-peu-près moyenne entre celle des cantons plus montagneux et celle des bords de la Méditerranée.

Il ne conviendrait pas de choisir, pour une

(1) *Instruction sur l'établissement des pépinières*, rédigée par M. *Thouin*, professeur de culture au Jardin du Roi, sur la demande de S. Exc. le ministre de l'intérieur.

pépinière départementale, la position la plus chaude, la plus fertile, comme pour les pépinières marchandes; les arbres de celle-ci sont plus beaux, plus vigoureux, mais ils réussissent d'autant moins lorsqu'on les plante à demeure.

Nous avons assez de pépinières de mûriers et de châtaigniers dans ce pays, et chaque bon propriétaire en fait dans son domaine. Ceux qui achètent des arbres ne manquent pas de les prendre dans un terrain plus maigre que celui dans lequel ils veulent les mettre. Le paysan agriculteur ne se décide point sur l'apparence; il ne préférera pas, pour planter sur le coteau qu'il cultive, ces beaux mûriers à larges feuilles, à jets élancés, qu'on élève dans le limon. Il tirera des Cévennes les châtaigniers qu'il plantera dans l'excellent terrain de la prairie qui borde le Gardon; il n'ignore pas que l'arbre qu'on arrache, qu'on transporte plus ou moins loin, qu'on étête ou qu'on taille pour le transplanter, souffre, quelques précautions que l'on prenne: c'est un malade qu'il faut rétablir, et qui ne prospérera qu'autant qu'on lui donnera de meilleurs alimens que ceux auxquels il était habitué.

Ce n'est pas seulement la différence des terrains que je considère, en proposant l'établissement d'une pépinière à Alais. L'acclimatement des oliviers est le motif plus puissant qui me détermine à conseiller de la mettre dans un climat un peu froid, soit par suite de l'élévation du sol, soit par sa position près la limite que ne dépassent pas ces arbres : j'ai dit, dans mon premier Mémoire, qu'elle est fort près de cette ville.

L'influence des terrains sur la végétation est généralement reconnue, niera-t-on celle de la température? N'est-ce pas à contre-sens que nous faisons venir des plantards de la Provence ou de la partie méridionale du département? N'est-il pas évident que des arbres élevés dans un pays plus chaud que le nôtre ont le bois plus relâché, l'écorce plus mince; que leurs sucs propres, élaborés pendant les premières années à une température plus douce, sont plus abondans et peuvent avoir des qualités qui changeront lorsque le terrain et l'air ne seront plus les mêmes?

Pour avoir des oliviers qui résistent aux froids de ces climats, il faut les y accoutumer. Nous ne devons pas nous dissimuler qu'il faut du temps pour cela; mais cet acclimatement n'est pas impossible par le procédé que je vais tracer, déjà employé avec succès pour naturaliser d'autres plantes des pays chauds, et je me propose de l'essayer.

J'établirai ma pépinière à côté de l'olivette existante la plus élevée, une des moins favorablement situées du pays. Le terrain étant préparé convenablement, je semerai des olives choisies, dans les olivettes voisines, sur les espèces qui ont le moins souffert en 1820. Ce n'est pas le moyen le plus prompt de jouir, mais on multiplie et l'on perfectionne les variétés par les semis, et l'on a des arbres plus enracinés et plus vigoureux (1). Je prendrai les greffes, quand il en sera temps, sur les mêmes arbres qui m'auront fourni les olives : les premières, les plus belles que mes arbres produiront seront semées sur le sol même, ainsi que les fruits qui en proviendront à leur tour. Après plusieurs généra-

(1) Le sieur *Robin*, jardinier-pépiniériste très-expérimenté de ce pays, réussit complétement dans ses semis d'olives, il n'en est pas une seule qui manque d'après le procédé qu'il suit; il a dans ce moment six cents jeunes plants très-beaux, très-verts, dont plusieurs ont 3 décimètres de hauteur. J'avais voulu l'engager à concourir pour un des prix fondés par la Société royale d'agriculture; mais n'étant pas propriétaire du terrain qu'il cultive, il ne peut point faire des semis plus considérables, encore moins se conformer à la condition du programme, de planter mille pieds à demeure. J'ai cru devoir faire mention ici de son zèle et de ses succès.

tions d'oliviers (1), qu'on me passe ce terme, je crois qu'on pourra hasarder d'en planter plus au nord ou dans des points plus élevés, et que les arbres qu'on transplanterait de nos montagnes dans la plaine et vers les bords de la mer deviendraient superbes, plus productifs, et ne craindraient point les plus forts degrés de froid possibles dans nos contrées.

Il faut sans doute avoir du zèle, de la persévérance, désirer fortement le bien de ses enfans et la prospérité de son pays, pour se livrer à de semblables travaux ; je ne m'en ferai pas un mérite, il est peu de pères de famille, peu de propriétaires français qui n'en soient capables.

A Alais, le 12 juillet 1821.

---

(1) De tous les arbres que nous cultivons, c'est l'olivier qui paie le plus tard les soins qu'on lui donne, ainsi que l'exprime le proverbe languedocien suivant :

Oulivié dë toun gran ,
Castagné dë toun pâiré ,
Amourié tiounë ,

c'est-à-dire nous jouissons du mûrier que nous avons planté, du châtaignier qu'avait planté notre père, et de l'olivier de notre aïeul.

MÉMOIRE

En réponse aux questions proposéees par S. Exc. le Ministre de l'Intérieur, dans sa lettre du 31 janvier 1821, adressée à divers membres correspondans du Conseil d'agriculture, sur la culture de l'olivier et les effets produits par la gelée sur cet arbre.

Par M. Laure,

Correspondant du Conseil d'agriculture à Saint-Pons, département de l'Hérault.

On cultive encore l'olivier dans les départemens de l'Aude et de l'Hérault, cette branche intéressante de l'agriculture du midi a beaucoup souffert depuis plus d'un siècle. Les hivers de 1709, de 1768, de 1789, de 1792 et de 1793 ont fait périr des oliviers qui constituaient une des principales richesses des propriétaires de ces deux départemens. Beaucoup de ces propriétaires ont négligé de réparer leurs pertes à cet égard; un certain nombre cependant se sont obstinés à conserver l'olivier, en prenant cependant des précautions puisées dans l'expérience

Ainsi en sapant au niveau de terre et de leurs racines les troncs des oliviers morts, il en sortit de nombreux rejetons, dont ils écartèrent la dent meurtrière des troupeaux. Leur soin et leur vigilance furent couronnés du plus heureux succès, et presque chaque arbre coupé de cette manière a produit dix ou douze rejetons qui, au bout de quelques années, ont pu être transplantés. Ces propriétaires ont non-seulement conservé pour eux un nombre de ces jeunes arbres plus considérable que ceux qu'ils possédaient avant les hivers rigoureux qui les avaient fait périr; mais ils ont encore retiré des sommes considérables de la portion de ces jeunes arbres qu'ils ont vendue à d'autres propriétaires.

Il est reconnu en général qu'il existe plus d'oliviers dans les départemens de l'Aude et de l'Hérault, qu'il n'en existait à l'époque de la mortalité de 1792 et 1793; mais ces oliviers, jeunes encore, sont bien loin de donner des produits égaux à ceux que donnaient les oliviers aux époques ci-dessus. On ne peut pas se dissimuler d'ailleurs que, depuis plusieurs années, le climat du midi de la France a totalement changé; et qu'il est moins favorable à la prospérité des oliviers que celui auquel il a fait place. Voilà la première cause de la décadence de la culture de l'olivier dans les départemens de l'Aude et de l'Hérault. L'on avait cependant oublié les pertes éprouvées en 1789, 1792 et 1793, et beaucoup de propriétaires faisaient des plantations considérables et les faisaient avec facilité, au moyen des rejetons dont j'ai parlé plus haut, et qu'ils se procuraient au prix de 3 ou 4 fr. chaque, suivant la force et la qualité des rejetons; deux pairs de France, MM. le lieutenant-général comte Maurice Mathieu, de Laredorte et de Catellan, ainsi que le soussigné, ont donné l'exemple de plantations considérables de ce genre; cette impulsion de leur part produisit un grand effet et beaucoup de propriétaires firent comme eux: l'hiver de 1820 qui fut très-froid, occasionna une nouvelle mortalité d'oliviers. Les pertes qu'éprouvèrent les propriétaires furent sensibles, mais moins considérables qu'on ne l'a prétendu; sensibles, parce que les vieux oliviers qui avaient résisté aux hivers de 1792 et 1793 et qui donnaient le plus de fruit, ont été en partie victimes des rigueurs de cet hiver, et moins considérables qu'on ne l'a prétendu, parce que très-peu d'oliviers plantés depuis quinze ou vingt ans, et provenant des rejetons venus des troncs des arbres qui avaient été coupés au niveau de terre, ont péri par suite des derniers froids : le soussigné n'évalue pas cette perte dans l'arrondissement de Saint-Pons au-delà d'un olivier sur vingt.

La seconde cause de la décadence de la culture de l'olivier dans les départemens de l'Aude et de l'Hérault, doit être attribuée aux grandes plantations de vignes de la part des propriétaires : depuis que les débouchés des produits de leurs vignes se sont agrandis, il est reconnu qu'une terre plantée en vigne donne au moins le double de revenu que si elle était plantée en oliviers ou semée en grain. La vigne porte toutes les années, l'olivier ne donne de récolte que tous les deux ans. Il en est de même d'une terre semée en grain, parce que le climat s'oppose à ce qu'elle soit en culture chaque année, quoique plusieurs personnes aient tenté de les faire produire sans relâche. Quelques terres privilégiées peuvent être constamment en rapport, mais le plus grand nombre ne peut produire que tous les deux ans dans les départemens de l'Aude et de l'Hérault : ce fait est incontestable.

La troisième cause de la décadence de la culture de l'olivier provient de ce que l'on s'est aperçu que, par suite du changement du climat, rarement les oliviers retiennent des fruits en quantité comme auparavant; ils sont chargés de fleurs au printemps, mais un brouillard, une rosée, fait tomber la plus grande partie de ces fleurs, et les oliviers ne produisent que très-peu d'olives. Il se peut même que le propriétaire, ne s'attachant qu'à cette idée, que c'est le changement de climat qui est la cause de la stérilité de ses oliviers, ne veut pas s'arrêter à cette autre idée, que peut-être lorsque les oliviers jeunes qu'il a plantés acquerront de l'âge, ils seront plus productifs ou plus fertiles. Ce qui nuit encore à la belle venue et à la prospérité des oliviers, c'est que l'on n'écarte pas assez les troupeaux de ces arbres, dont ils sont très-gourmands et auxquels ils portent le plus grand préjudice. Ces divers motifs de découragement ont engagé, depuis plusieurs années, des propriétaires à arracher les oliviers pour planter des vignes.

En me résumant sur ces causes de la décadence de la culture de l'olivier dans les départemens de l'Aude et de l'Hérault, dont la plus forte est de voir se reproduire des hivers tels que celui de 1820 et des pertes pareilles, il faut espérer que les propriétaires, semblables aux matelots qui, durant la tempête, jurent de ne plus s'exposer aux dangers de la mer, oublieront, en s'éloignant comme eux de l'époque de leurs désastres, le danger qu'ils ont couru, et non-seulement soigneront de nouveau les oliviers qui leur restent, mais encore s'appliqueront à en augmenter le nombre. Des encouragemens en primes, ou tels autres que le gouvernement jugerait à propos d'accorder, dans sa sagesse, produiraient un très-bon effet. Lorsqu'on voulut multiplier la culture du mûrier en Languedoc, les États de cette province accordèrent une prime en argent pour la plantation de chaque mûrier, et cette prime, quoique modique, produisit un très-grand effet.

Le soussigné va entrer dans quelques détails, 1°. sur les variétés de l'olivier que l'on cultive dans l'arrondissement de Saint-Pons, et dans les arrondissemens des départemens de l'Aude et de l'Hérault, voisins de celui de Saint-Pons; 2°. sur le plus ou le moins de fertilité de ces variétés; 3°. sur les effets plus ou moins désastreux produits sur ces variétés par les gelées de 1709, 1768, 1792, 1793 et 1820; 4°. il hasardera quelques réflexions sur les moyens que l'on pourrait employer, non pas pour détruire, mais pour diminuer les désastres de la gelée, soit par des procédés, soit par la situation des lieux que l'on pourrait choisir dans la suite pour la plantation des oliviers ; 5°. sur les meilleurs moyens de reproduction de ces arbres précieux.

1°. S'il faut en croire une ancienne tradition et ce que rapportent les écrivains qui ont écrit sur l'olivier, c'est de l'Asie mineure ou de la Grèce que sont venus nos premiers sujets ; ils ont prospéré en Italie, en Espagne, et dans la partie méridionale de la France. Je ne parlerai pas de l'olivier sauvage, que les botanistes appellent *oléaste*, que l'on trouve le long des haies, dans des lieux hérissés d'épines, dans des terres incultes ; c'est une espèce de buisson qui ne produit rien ou très-peu de chose.

Sur quarante espèces d'oliviers que désignent les auteurs, le soussigné n'en connaît à-peu-près que six qui soient cultivées et qui croissent dans l'arrondissement de Saint-Pons et dans les arrondissemens voisins des départemens de l'Hérault et de l'Aude.

La variété qui mérite d'obtenir le premier rang parmi celles connues dans cet arrondissement, est l'*olivière* ; ses branches se laissent tomber comme celles des arbres-pleureurs, par suite de la grande quantité de fruits qu'elles portent. Les feuilles de cette variété sont rares, ses fruits sont gros et noirs. C'est la variété qui produit sensiblement le plus : l'huile est moins lampante et plus grasse que celle des autres variétés ; mais la quantité qu'elle fournit doit faire placer l'olivière au premier rang. Il est fâcheux d'avoir à dire que, d'après l'expérience, c'est la variété qui résiste le moins aux rigueurs d'un hiver très-froid ; on ne peut la conserver qu'en ayant le soin de faire les plantations à l'abri des coteaux et à l'exposition du midi, autant que possible. Ce qui prouve que cette variété donne des fruits abondans, c'est que, malgré qu'elle soit la plus exposée à périr par le froid, rarement on trouve des rejetons de cette espèce à acheter, et que presque tous sont plantés par les propriétaires qui les possèdent.

Après l'olivière, la *verdane* ou *verdeau* est la variété qui mérite d'occuper le second rang. L'huile qu'elle produit est la plus fine et la plus agréable au goût. Elle produit beaucoup moins que l'olivière ; mais, après elle, on ne connaît pas de variété cultivée dans le pays qui produise davantage : elle résiste aux grands froids, peut-être par ces raisons, que ses feuilles sont plus nombreuses, et que l'arbre est aussi plus garni de bois ; ce qui doit amener à croire qu'il a une plus forte végétation.

Le *moureau*, ou la *mourette*, doit tenir le troisième rang et par la qualité de son huile et par la quantité qu'il en porte. Il résiste au froid peut-être encore davantage que la verdane; il prend son nom de son fruit noir, court et rond. Cette espèce n'est pas recherchée. L'arbre est ordinairement plus petit que la verdane et surtout que l'olivière; il a l'inconvénient que son fruit tombe avant la maturité.

Le *redondal*, ou *redouan*, est un olivier très-petit; ses feuilles sont larges, ses rameaux courts, son gros fruit a un noyau petit; son huile est bonne; c'est la qualité qu'on fait confire dans le pays. Il produit peu de fruits, qui tombent même au moindre vent avant la maturité; cette espèce est encore plus négligée par les propriétaires que le moureau.

Nous n'avons qu'en très-petite quantité cette variété qui produit l'olive *fructu oblongo minori* de *Geoffroi*, qui nous vient de Provence et d'Italie dans des barils, vulgairement appelée *olive à la Lucques*, pour désigner le nom du pays qui nous la fournit.

Nous avons presque perdu la *mellinque*, qui était assez commune avant la mortalité de 1793 : son huile est bonne, mais cette variété en produit très-peu; son fruit, qui ressemble à une amande revêtue de son parencyhme, est bon à confire. Voilà à-peu-près les seules variétés qui existent encore dans le pays. La culture de l'olivière, de la verdane et du moureau est celle qui doit fixer l'attention des propriétaires; les autres variétés ne donnent que très-peu de fruits.

Après avoir décrit les variétés que l'on cultive dans les départemens de l'Aude et de l'Hérault, leur plus ou moins de fertilité; après avoir parlé de celles qui sont plus ou moins exposées à périr par les froids, il est à propos d'indiquer les moyens de prévenir ou de diminuer l'influence meurtrière et décourageante des hivers rudes contre cet arbre.

Le premier moyen serait de choisir l'exposition et la situation des terrains où on plante les oliviers. L'abri d'un coteau contre le vent du nord, l'exposition au midi, sont les positions les plus favorables, et s'il existe encore quelques oliviers centenaires, c'est dans des lieux pareils qu'il faut aller les chercher. Ceux que l'on ne plante pas à une pareille exposition reçoivent les vents du nord qui viennent de parcourir les sommités des montagnes couvertes de neige pendant la plus grande partie de l'hiver; la violence extraordinaire de ces vents et le degré de froid qu'ils ont acquis sur les sommités des montagnes frappent de mort les oliviers. Aussi s'aperçoit-on que les communes adossées à la partie méridionale de ces montagnes, soit dans l'Aude, soit dans l'Hérault, ont conservé non-seulement le plus d'oliviers, mais encore ceux qui, par leur ancienneté et leur vigueur, donnent le plus de fruits; tandis que les communes qui ne sont pas si heureusement situées ont presque perdu tous les oliviers qu'elles possédaient.

Les terres qui conviennent le mieux à la culture de l'olivier sont les terres fortes, si elles sont sur-tout divisées par un mélange de gravier. Dans ces terres, l'arbre croît lentement; mais une fois venu, il donne une plus grande quantité de fruit qu'ailleurs. L'olivier se plaît principalement dans les terres douces, graveleuses, sablonneuses, où les eaux pénètrent facilement, dans des lieux caillouteux et arides, s'il y a du fond. En 1792 et 1793, des oliviers plantés dans des champs très-maigres, quoique dans une position venteuse et exposés aux froids les plus vifs, résistèrent aux rigueurs de ces hivers. On pense que ces oliviers ne durent leur salut que parce qu'étant plus maigres, ils avaient moins de végétation et moins de sève, et que les oliviers qui périrent ces deux années, n'ayant péri que par l'effet du verglas qui gelait la sève au-dessous de l'écorce, le vent eut le temps de secouer et de sécher l'humidité avant qu'elle adhérât fortement à l'arbre par l'effet de la glace, dans les terrains fortement exposés au vent.

L'olivier ne réussira jamais dans les terres qui ont été couvertes par des eaux stagnantes; leur séjour les a rendues si compactes, que les racines délicates de cet arbre ne peuvent y taller pendant les fortes sécheresses, et qu'elles s'y pourrissent en hiver par la présence des eaux.

Un grand moyen de conservation contre la rigueur du vent glacial serait de planter les oliviers non en bordure dans les champs, mais en forêt. Ceux qui seraient le plus exposés au vent du nord mettraient les autres à l'abri: il serait plus facile, les ayant réunis en trois ou quatre forêts, d'en faire secouer les branches lorsque la neige en a couvert les feuilles, ou lorsque une pluie froide menace de se geler dessus; car cette humidité qui couvre de glace l'olivier par suite d'un temps très-froid, en occasionne le plus souvent la mort. Ce n'est jamais par la gelée des racines que cet arbre est détruit: en plantant les oliviers en forêt, on pourrait même tenter un moyen de diminuer la rigueur du froid. Ce moyen consisterait à allumer dans les diverses parties des forêts des feux avec de la paille ou d'autres combustibles, que l'on modérerait en fumée un peu chaude en jetant de l'eau dessus. Ce moyen a été constamment employé avec succès dans les jardins et dans les vergers pour conserver la fleur et les fruits des arbres fruitiers, lors des gelées blanches qui arrivent quelquefois en mai et en juin. On ne donne pas ce moyen comme assuré, il pourrait avoir des inconvéniens; mais on pourrait le tenter une première fois avec prudence et sur une petite quantité d'oliviers. En plantant les oliviers en forêt, on pourrait aisément en interdire l'entrée aux troupeaux, ennemis dangereux de ces arbres, qui mâchent les appendices des rameaux. En général, depuis 1793, on les a plus particulièrement plantés en bordure autour des champs, où ils donnent plus de fruit; c'est ainsi qu'on entoure les pièces de terre qu'on destine, par leur fertilité, à produire principalement du grain : plantés de cette manière, les racines n'y sont point gênées par celles de leurs voisins, elles y prennent par conséquent une plus grande portion de nourriture; mais les oliviers y sont moins à l'abri des grands vents. Le côté exposé au vent du nord, y est quelquefois si maltraité, qu'on pourrait dire qu'il n'y a que demi-arbre; plantés en enclos ou en forêt, ils sont abrités, comme on l'a dit plus haut, les uns par les autres.

Quant aux moyens les plus prompts et les meilleurs de reproduction de l'olivier, le soussigné n'en connaît que trois : il va décrire avec rapidité leurs inconvéniens et leurs avantages.

1°. La semence de l'olive est un moyen de reproduction, mais c'est le plus lent; l'arbre qui en provient est cependant le plus vigoureux puisqu'il a la racine pivotante : les pépiniéristes ont le soin de couper ce pivot, afin que les racines latérales poussent et se développent au-dessous de la terre végétale. Ces semis ne donnent jamais une seule et même qualité, mais plusieurs variétés de l'espèce.

Les arbres en pépinière ne souffrent aucun déchirement en les arrachant, comme il arrive à ceux qui croissent autour d'un vieux tronc : tels sont les avantages et les inconvéniens de la reproduction par semence de l'olivier.

2°. Il existe un autre moyen de faire des pépinières, et ce moyen est le plus usité : on met en terre des tronçons d'oliviers, la partie la plus grosse en bas; on enterre des bosses racineuses ou des protubérances d'olivier; mais en général les pépinières ne prospèrent pas, et les arbres qui en proviennent languissent et sont longs à venir. On a commis jusqu'ici une grande faute, on n'a pas laissé assez de distance entre les boutures ou les bosses racineuses en les mettant en terre : les jeunes plants qu'elles ont produits se sont trouvés trop resserrés. On ne devra pas prendre pour modèle, comme on l'a fait jusqu'à ce moment, l'espace que l'on donne aux arbres fruitiers qui ne demeurent que deux ou trois ans en terre et l'épuisent moins que l'olivier, qui doit y rester une douzaine d'années. C'est ce long intervalle qui décourage les propriétaires de former des pépinières particulières. Cependant il serait utile d'établir, dans les départemens où l'olivier est susceptible d'être cultivé, des pépinières départementales et même des pépinières dans chaque arrondissement assez favorisé par le climat pour que l'olivier y réussisse.

3°. Le moyen que l'on croit le meilleur de propager la culture de l'olivier et le moins dispendieux, est de faire reproduire l'olivier par lui-même. Lorsque les hivers de 1709, 1768, 1789, 1792 et 1793, les eurent fait périr, on eut le soin d'en saper les troncs au niveau de terre, et de leurs racines sortirent de nombreux rejetons : avant ces époques, le soussigné et d'autres propriétaires faisaient la même opération sur les oliviers de bonne qualité et qui commençaient à dépérir; par cette opération, chaque tronc d'arbre poussait une quantité considérable de rejetons que l'on laissait en buisson pendant trois ou quatre ans; au bout de ce temps, on commençait à enlever les sujets trop rapprochés, on laissait les autres sujets se renforcer, on coupait ensuite les branches basses jusqu'à moitié tige seulement, et par gradation on formait l'arbre. On avait le soin de les espacer de manière qu'ils ne pussent gêner l'ouvrier qui, dans un âge plus avancé, devait les arracher avec la portion des racines nécessaires pour les transplanter ailleurs; on n'était pas gêné par ce moyen pour la culture de ces sujets. Chaque tronc fournissait de dix à douze rejetons qui, avec quelque soin, pouvaient être transplantés dans huit ou dix ans : pourquoi aujourd'hui, où le besoin de reproduction se fait plus particulièrement sentir, ne suivrait-on pas ce système (1)?

---

(1) C'est pendant l'hiver qui suit leur première pousse qu'il convient de réduire et d'espacer également les re-

Le soussigné estime que le gouvernement pourrait établir des pépinières de ce genre en faisant l'acquisition d'un ou deux champs dans chaque département où il existerait un nombre considérable d'oliviers appartenant aux variétés les plus productives.

Les soins que demanderaient ces pépinières exigeraient une étude particulière : quand on veut extraire les jeunes oliviers du tronc principal autour duquel ils ont pris leur accroissement, on doit bien prendre garde de ne pas meurtrir les protubérances ou bosses qui sont sous terre et qu'on est obligé de découvrir; c'est de là que sortiront les racines qui dans la suite doivent les alimenter : il faut sur-tout n'enlever, autant que possible, que le bois racineux qui appartient à chacun, ce que reconnaîtra un ouvrier intelligent en ébranlant fortement l'arbre après qu'il aura été travaillé, soit avec un levier, soit avec la hache, ou avec des coins en fer : cette opération mérite la plus scrupuleuse attention. Le bois du tronc qui n'appartient pas à un jeune sujet, le gêne quand

---

jetons, afin que les plus faibles ne nuisent pas à l'accroissement des plus forts. (*Note de M. Bosç.*)

il est transplanté, couvre les protubérances ou bosses dont il a été question, et l'empêche de pousser des racines, qui ne peuvent sortir de dessous qu'après que les parties étrangères ont été pourries : il en est de même du bois mort appartenant au vieux tronc, on doit aussi l'extraire avec précaution, pour ne pas meurtrir les racines. On les plante ensuite dans un trou, auquel on donne une largeur et une profondeur assez considérables : une largeur d'un mètre et quart dans tous les sens, et d'un mètre de profondeur, paraît suffisante. On commence à jeter de la terre meuble et presqu'en poussière dans ce trou, avant d'y asseoir l'arbre, et on le remplit ensuite du restant de la terre, que l'on réduit aussi en poussière autant que possible. Si le terrain est un peu aquatique, il faut bien se garder de placer l'arbre trop bas; il ne faut pas aussi qu'il soit à la superficie du terrain, parce que ses racines étant trop hautes, le vent pourrait aisément le déraciner : un arrosage abondant est nécessaire au jeune olivier qu'on vient de transplanter. On tape un peu la terre pour ne point y laisser des molécules d'air, et les racines, par cette opération, sont bien mariées à la terre qui les couvre; mais les arrosages ne doivent pas être dans la suite trop fréquens. L'arbre à qui on donne de l'eau trop abondamment périt de deux manières : ou ses racines se pourrissent, et alors les feuilles pâlissent et il se dessèche lentement, ou bien il prend trop de sève, et cette abondance ne pouvant être répartie et reçue dans ses branches, crève l'écorce autour de la tige, se fige à la crevasse sous une forme galeuse et, trouvant une issue facile, ne monte plus à la sommité et sort par l'ouverture qu'elle s'est pratiquée. L'écorce se détache en se desséchant et l'arbre meurt; on ne doit donc pratiquer de nouveaux arrosages que quand le temps et les chaleurs ont desséché les premiers : c'est sur-tout dans les terres fortes et argileuses que la trop grande humidité peut devenir dangereuse, parce que l'eau qui s'y est infiltrée s'y conserve plus long-temps.

La manière de tailler l'olivier et l'époque de cette opération peuvent et doivent influer non-seulement sur sa conservation, mais encore sur ses produits. Autrefois l'on avançait l'époque de la taille, pour favoriser la nourriture des troupeaux : le soussigné commençait, ainsi que la plupart des propriétaires, vers les fêtes de Noël, pour favoriser les troupeaux, qui par là obtenaient des moyens précieux de subsistance à cette époque de l'année où les pluies et les grands froids obligent les propriétaires à les nourrir fréquemment dans la bergerie. Mais les pertes rapprochées qu'éprouvèrent les propriétaires d'oliviers à la suite des hivers rigoureux de 1789, 1792 et 1793, firent changer de système à cet égard. On ne taille plus aujourd'hui les oliviers que lorsque les grands froids sont passés; on ne commence guère que vers la mi-février, et on termine cette opération avec la fin d'avril au plus tard.

Les oliviers ne se taillent que de deux ans l'un. On prépare, l'année où on les taille, le bois qui doit pour ainsi dire porter le fruit l'année suivante. On s'attache sur-tout à conserver le bois jeune et à enlever le vieux. On éclaircit autant qu'on le peut l'arbre, lorsqu'on peut le faire sans nuire à la forme et à la symétrie que doivent avoir ses branches; on observe de les laisser plus garnies de bois vers le nord et vers le nord-ouest, pour les garantir du froid et du grand vent qui les tourmentent de ces côtés. L'ouvrier qui les taille, doit observer d'enlever avec le plus grand soin les branches mortes et le bois mort ou la carie, qui quelquefois attaquent le corps. Il n'est pas rare que le corps de l'arbre soit percé à jour, par suite de cette opération indispensable toutes les fois qu'elle ne peut pas exposer l'arbre à être renversé par le vent, par suite de l'affaiblissement de sa force. Le soussigné a poussé quelquefois la rigueur de cette opération jusqu'à faire arracher sous terre la portion des racines de l'arbre qui se trouvaient cariées ou pourries, et l'arbre languissant a repris de la vigueur et redonné des fruits en abondance. Il faut aussi, lors de la taille, faire couper les branches languissantes et toutes les pousses parasites qui se manifestent au-dessous du bouquet de l'arbre jusqu'au tronc.

Le soussigné écrit pour le département de l'Hérault, où l'olivier est moins vigoureux que dans les pays méridionaux et par conséquent plus chauds. En Roussillon, par exemple, on coupe un gros cep l'année où on taille l'olivier, pour rendre les autres ceps plus productifs. Ce moyen n'est pas praticable dans le département de l'Hérault, et n'y aurait que des résultats funestes.

Les oliviers croissent lentement. Les rejetons plantés depuis environ vingt ans donnent quelques fruits, mais ne dédommagent pas encore le propriétaire des frais de culture, de plantation et des récoltes en grains qu'il aurait retirées du terrain sur lequel ils sont plantés. Il faut au moins cinquante ans pour qu'il ait atteint son accroissement. L'olivier doit donc devenir très-vieux lorsque les froids ne le détruisent pas, d'après l'assertion de notre plus grand naturaliste, qui a calculé que chaque être vit ordinairement sept fois le temps qu'il met à croître.

Une des questions les plus difficiles à résoudre est celle d'indiquer quelles sont les variétés de l'olivier capables de résister à une température déterminée, à 10 degrés de froid, par exemple. Le soussigné parlera seulement des variétés que l'on cultive dans l'arrondissement de Saint-Pons et dans les départemens de l'Aude et de l'Hérault. Il est constant, comme on l'a dit plus haut, que des trois variétés les plus considérables que l'on connaisse dans ces départemens, l'olivière, la plus productive et celle dont l'arbre est le plus beau, est aussi la plus sujette au froid; que la verdane ou verdeau et la mourette résistent davantage aux frimas, mais que cet avantage est bien compensé par le moins de produit comparativement à celui de l'olivière. Il estime que la mourette, la verdane, l'olivière même lorsqu'elle existe sur un terrain situé au midi et à l'abri du vent du nord, peuvent résister à un froid de 10 degrés, si ce degré de froid n'est que de petite durée, de vingt-quatre heures, par exemple, et lorsqu'il n'est pas précédé de circonstances aggravantes; mais si ce degré de froid dure plusieurs jours, ou s'il vient incontinent après une pluie que l'arbre n'a pas eu le temps de secouer, ou d'une neige dont les branches n'ont pas eu le temps de se débarrasser, alors il se forme un verglas sur l'arbre, qui le met en danger imminent de périr. L'olivier résisterait plutôt à 10 degrés de froid sans ces circonstances aggravantes, qu'à un degré de 8 ou de 9, qui serait précédé de ces mêmes circonstances. Le soussigné a vu, en 1793, dans une de ses propriétés, dont le principal revenu était l'huile, les oliviers atteints d'une première gelée de 11 degrés avec une des circonstances aggravantes qu'il vient de décrire. Cette gelée ne fut pas de longue durée et le temps devint humide; il ne croyait point que les oliviers dussent périr, mais dans quinze heures le temps revint au froid, et une gelée aussi forte que la première se fit sentir : les oliviers étaient encore humides par suite de la neige dont ils avaient été couverts, et cette seconde gelée fut mortelle. Les personnes les plus anciennes du pays lui racontèrent que, d'après l'expérience, il eût mieux valu que la première gelée eût continué, que d'en éprouver une seconde immédiatement après un dégel aussi court.

Quelques observations contenues dans ce Mémoire pourraient être développées davantage, si Son Exc. le désirait; mais le meilleur moyen d'encourager la culture de l'olivier serait d'accorder des primes ou des récompenses à ceux qui se livreraient plus particulièrement à la culture de ces arbres précieux.

NOTICE

Sur les effets de la gelée de 1820, *sur les oliviers de l'arrondissement de Montpellier, département de l'Hérault;*

Par M. COSTE DE FREGEORGUES,

Correspondant du conseil royal d'agriculture, 28 *février* 1821.

LE froid extraordinaire de 1820 a tué dans leur entier les trois vingtièmes de nos oliviers.

Trois vingtièmes qui, par des ménagemens mal entendus n'ont pas été élagués, étêtés ou abattus, ainsi que l'expérience du passé le commandait, sont dans un état qui n'est pas sans espoir ni sans danger.

Quatre vingtièmes, recepés entre deux terres il y a à-peu-près un an, ont donné des repousses en abondance.

Huit vingtièmes étêtés ou élagués à la même époque sont dans un état satisfaisant. Le restant, deux vingtièmes, ceux que les gelées n'avaient pas extrêmement endommagés, seront entièrement rétablis à la fin du prochain printemps.

Je reviendrai sur mes pas pour entrer dans quelques détails sur chacune de ces classes.

Ceux de la première sont perdus sans retour; on a disposé des branches, des troncs, et ce qu'on a laissé dans la terre pourrira, si on ne se hâte de l'enlever.

Ces arbres vivaient dans une couche de terre de deux tiers de mètre au plus d'épaisseur, et cette terre reposait sur un lit d'argile ou de roche dure : ainsi les racines ont été sans refuge, elles n'ont pu échapper à la mort. Plusieurs communes ayant leurs olivettes en pareille situation (notamment celle de Murviel) ont tout perdu. Le bois, servant ordinairement pour le chauffage, n'a pas été vendu, cet hiver, en aussi grande quantité que de coutume. On achetait celui d'olivier à un tiers meilleur marché.

L'état des oliviers de la deuxième classe permet bien quelques espérances, mais donne encore plus de craintes. Des arbres ont été étêtés en 1820, qu'on aurait dû receper entre deux terres ; la mort était déjà dans le tronc, et le crapaud de l'arbre n'a pu que souffrir (1). La sève aura fait de vains efforts sur un point où la vie

(1) Le crapaud est la tubérosité des racines de l'olivier. (*Note de M. Bosc.*)

n'était plus. Le tort est aujourd'hui reconnu; on va s'occuper du recepage, mais avec l'appréhension que, pour la plupart des sujets, l'opération ne soit tardive. Plus d'une fois, sans doute, le tronc de l'olivier mort depuis long-temps a été recepé avec succès; mais ici, dans le crapaud de plusieurs arbres, après le temps désastreux de 1820, il restait peu de vie, et ce peu, ainsi comprimé, devait plus difficilement aller en croissant.

Troisième classe. Tous ceux dont le tronc était mort par suite du précédent hiver, et qui ont été de suite recepés entre deux terres, ont donné des repousses vigoureuses. La température constamment douce dont nous jouissons depuis et avant le commencement de cette année, ne peut que les favoriser et augmenter à cet égard notre confiance; tout annonce que la postérité de ceux-ci (si je puis ainsi m'exprimer) sera nombreuse et belle. Toutefois, ces sujets, dont l'éducation commence, ne mériteront d'être comptés entre les individus de leur famille qu'alors qu'une place isolée leur aura été assignée, c'est-à-dire en avril de 1826, et ils ne pourront être dans la classe des arbres en rapport qu'en 1838; encore faut-il qu'on se contente d'un médiocre produit.

Les huit vingtièmes se composent de ceux qui ont été dans une position abritée; de ceux qui, cette année, n'avaient pas porté beaucoup de fruit; de ceux au pied desquels un engrais en fermentation avait été enfoui avant les fortes gelées, et de ceux enfin tenant des variétés plus ou moins privilégiées par la nature contre la rigueur des hivers. Tous ceux-là ont conservé au moins leur tronc, et le plus grand nombre une partie de leurs branches; mais quoi qu'il en soit, il n'appartient qu'au bois nouveau déjà venu et à venir de donner des fruits, et ce ne peut être qu'après avoir compté encore trois printemps et deux hivers que ces fruits peuvent arriver.

Finalement, les deux vingtièmes restans ont donné tous les produits obtenus lors de la dernière récolte, et c'est l'espèce connue dans la contrée sous le nom de *verdale*, qui joue ici le principal rôle. Du peu que nous avons recueilli, les verdales ont donné au moins les trois quarts; le surplus provient de la *pigale* et de l'*olivière*, variétés moins sensibles que bien d'autres à l'impression du froid, mais qui ne sauraient l'affronter comme la verdale.

Au surplus, la chétive récolte que je viens de citer n'a pas été également répartie. Celui qui n'a pas eu de verdale n'a pas récolté une quantité qui mérite d'être citée. Sur les autres points du département, on cultive des variétés moins délicates que celles que nous possédons, et l'on a été moins à plaindre que nous. A Gignac, arrondissement de Lodève, la récolte dernière a été plutôt bonne que moyenne ; mais aussi presque tout est verdale. Dans les environs de cette petite ville, les moulins ont eu leur travail accoutumé. Ici, au moins trente n'ont pas été ouverts, et il eût suffi d'un seul pour le pressurage de toutes nos olives ; et c'est ainsi, je le répète, que des arrondissemens de l'Hérault celui de Montpellier a le plus perdu.

Dans l'état que je viens de fournir, je n'ai pas la prétention, malgré les soins scrupuleux que je me suis donnés, je ne prétends pas, dis-je, avoir toujours rigoureusement atteint la vérité, mais je ne crains pas d'assurer que je m'en suis approché de très-près.

Entre les douze variétés d'olives connues dans l'arrondissement, et dont les noms se trouveront ci-après, la verdale est celle de toutes qui craint le moins le froid ; la pigale et l'olivière, comme je l'ai déjà dit, peuvent aussi être comptées, mais dans un degré bien différent. La première est à-peu-près la seule qui, cette année, ait donné des fruits; les deux autres ont eu sans doute la vie sauve, mais on a eu à en couper toutes les branches laissées dans un état de souffrance.

L'arbre qui donne l'olive verdale n'est pas grand, ses rameaux ne sont pas très-étendus. De tous les oliviers cultivés dans le département c'est le plus petit. Aussi, dans une surface qu'on ferait occuper par cinquante des espèces ordinaires, on mettra quatre-vingts pieds de verdale. L'arbre ne donne des fruits qu'en raison de ses branches; mais la plus grande quantité de pieds existans fait compensation. L'huile en provenant est de qualité inférieure, elle n'est guère mangée que par les ouvriers, l'éclairage et les fabriques en consomment la majeure partie.

Après l'hiver de 1820, plusieurs agriculteurs temporisèrent; ils se flattaient que la feuille desséchée ferait place à une feuille nouvelle. Le temps de l'élagage et du recepage passa avant que le seul parti convenable eût été pris. Une triste expérience a éclairé ces propriétaires: ils adoptent aujourd'hui, ainsi que je l'ai avancé, un procédé dont le succès reste douteux pour beaucoup de sujets.

Dans l'une de mes propriétés, et à une petite distance de Montpellier, dans quarante jours, à compter du 1er. mars, j'avais fait étêter, élaguer ou receper, douze cents oliviers. Je prêchai alors par mon exemple autant que par mes paroles, et je puis dire qu'en même temps que j'ai eu lieu d'être satisfait des remercîmens que j'ai reçus, j'ai eu à m'affliger des regrets exprimés par ceux qui craignirent de m'imiter.

Les arbres qu'il suffisait alors d'élaguer seront forcément étêtés ; d'autres, qu'il suffisait d'étêter seront forcément recepés, et ceux qui réclamaient le recepage seront en grande partie opérés trop tard.

Le moyen que j'adoptai pour ce qui me regardait, pourra paraître violent ; mais je me suis convaincu qu'il était nécessaire, et dans l'état actuel des choses, je suis autorisé à assurer qu'en pareil cas la hache doit intervenir sans délai pour l'intérêt des arbres, car c'est sous peine de leur vie.

On ne s'étonne pas que des oliviers placés près des bâtimens, sur le penchant ou au pied d'un coteau, enfin dans une position abritée, aient moins souffert ; mais je n'ai pas vu sans quelque surprise dans une olivette fort étendue, et dans laquelle les arbres sont extrêmement rapprochés (commune de Saint-Jean-de-Vedas), que tout ce qui était à l'aspect du vent a succombé, et qu'ensuite le mal a été en décroissant à mesure qu'on va plus avant dans l'olivette.

Sur trente-six rangées des six premières, presque tout a péri; aux quatre dernières il y a fort peu de dommage.

N'importe les positions, les plus jeunes arbres et les plus vieux ont péri, et entre ces derniers ceux sur-tout dont le tronc était creux.

J'ai vu que de trois cents jeunes arbres greffés en 1819, dont la greffe avait parfaitement réussi, il n'en reste pas un seul.

Les repousses ou rejetons déjà venus aux pieds des arbres recepés fourniront avec le temps pour les remplacemens à faire; mais on ne laisse pas d'adopter d'autres moyens de réparer nos pertes.

Les branches, choisies entre celles provenant des arbres élagués, sont couchées et plantées avec un égal succès, c'est-à-dire dans une terre déjà ameublie par plusieurs cultures, améliorée par quelques engrais, pas trop humide, mais fraîche, ou du moins disposée pour un facile arrosement; dans cette terre, dis-je, on couche actuellement, à la profondeur d'un demi-mètre, des branches à-peu-près de la grosseur du bras et d'une longueur quelconque, mais droites autant que possible pour qu'elles soient plus également assises.

Chacun des yeux de la branche aura donné, à la fin de l'automne, des jets d'environ un tiers de mètre; après cinq ans, c'est-à-dire à la sixième année, la branche sera déterrée dans toute sa longueur, et avec une hache ou une scie on en fera autant de portions qu'il y aura de pousses : chacune, avec ses racines, sera transportée dans la place préparée pour la recevoir. Il est entendu que si les jets étaient trop rapprochés, on les élaguera de manière que chacun ait un tronc d'environ six pouces.

Au lieu de coucher la branche, ainsi que je viens de le dire, on la met droite en terre, à environ deux tiers de mètre de profondeur; mais cette méthode nécessite plus de soins : ainsi, d'ailleurs, on n'a jamais qu'un sujet, et par le premier procédé on peut en avoir dix ; toutefois on aidera, comme ci-après, le succès d'une telle plantation. Il résulte de plusieurs essais dont j'ai été témoin, qu'en faisant une ligature en fil de fer ou autrement au-dessous de l'un des yeux de la branche qu'on veut couper pour la planter ensuite, on obtient ainsi une excroissance, espèce de bourrelet, qui, formant la base de la branche qu'on veut planter, contribue à sa réussite. Ces sujets, mis en pépinière, ont une végétation plus prompte, et alors qu'on les arrache on les trouve avec des racines plus étendues et plus abondantes. Des personnes bien dignes de confiance assurent que ces essais, répétés sur des arbres fruitiers et sur plusieurs autres, ont parfaitement réussi.

Un des agriculteurs de l'arrondissement (dont on ne peut pas contester les bonnes intentions) a proposé, comme moyen inconnu jusqu'à ce jour, d'enterrer les éclats d'un vieux tronc d'olivier qu'on aurait extirpé. Cette manière peut être bonne, mais elle demande plus de soin : au surplus, Virgile l'a dit, il y a plusieurs siècles, et le *Virgile* de nos jours, en le répétant, l'a mis à la portée de tout le monde :

Un aride olivier, surpassant ces prodiges,
Des éclats d'un vieux tronc pousse de jeunes tiges.

Je me permettraï d'observer que Lacerda, dans son *Commentaire sur Virgile*, a pris ici le change : à l'appui de ce que le poëte a avancé, il raconte que, sur la route de Toulon à Hières, la plupart des oliviers sont des rejetons des anciennes tiges que l'hiver de 1709 avait tuées. Le fait est vrai sans doute : c'est un travail admirable que la nature fait tous les jours et toute seule, et sous ce rapport on n'a qu'à regarder; mais *Virgile* a voulu enseigner à utiliser les éclats d'un vieux tronc. De ce qu'il dit il s'en suit que cet éclat, placé dans une terre préalablement disposée, cultivé et arrosé au besoin, donnera un ou plusieurs arbres, suivant qu'il portera d'yeux.

Il est des propriétaires qui préconisent le semis de l'olive : c'est, disent-ils, la voie la plus sûre pour la propagation de l'olivier.

L'olive en parfaite maturité doit être mise en terre d'abord après la cueillette, et dans une place, sous le rapport de la culture et de l'engrais, convenablement disposée; on la garantit par des paillassons en temps trop rigoureux. Le plant qui provient doit être soigné et arrosé pendant l'été. Des olives prises d'un même arbre ont été semées en 1812 : aucun des sujets qui en sont provenus ne se ressemblait par leurs feuilles; autant de sujets, autant de variétés différentes. En 1818, un seul de ces sujets a donné du fruit, mais du fruit bien inférieur à la qualité semée. Les diverses variétés avaient été dessinées avant d'être mises en terre, on a dessiné ensuite les jets et le fruit qu'elles ont donnés; je me borne à annexer ci-joint copie de ce dessin pour la variété qui seule a donné du fruit à la sixième année. Les olives semées et celles recueillies ont été, d'abord après avoir été dessinées, conservées dans l'eau-de-vie (1).

Il demeure constant qu'une variété en donne un grand nombre d'autres. S'il faut en juger par les premières feuilles et les premiers fruits, les produits seraient inférieurs en qualité; mais les soins, la qualité du terrain, la température, procureraient-ils quelque amélioration ou faudrait-il recourir à la greffe? C'est une question que le temps aurait résolue. Malheureusement les gelées de 1820 n'ont trouvé que des sujets faibles et qui ne pouvaient que succomber; il ne reste conséquemment que très-peu de cet essai et ce sera à recommencer.

Les sujets venus de semence offrent un long pivot et moins de racines latérales; on s'accorde

---

(1) Je n'ai pas cru nécessaire, malgré leur perfection, de faire graver les dessins envoyés par M. *Coste de Fregeorgue*, parce que son expérience n'est pas complète et qu'il est généralement reconnu que la plupart des arbres soumis depuis long-temps à la culture ne se reproduisent jamais exactement semblables par le semis de leurs graines. Je renvoie, à cet égard, à l'article *Variété* du *Nouveau Dictionnaire d'agriculture*, imprimé chez *Déterville*.

(*Note de M. Bosc.*)

à penser que, parvenus à un certain degré de force, ils braveraient les froids les plus rigoureux. Nous voyons très-près de la ville deux arbres qu'on assure provenir de semence, âgés au moins de cinquante ans, et qui, quoique appartenant à une variété présumée délicate, n'ont été que faiblement endommagés.

Noms des diverses variétés d'oliviers dans l'arrondissement de Montpellier.

La verdale,	La rougette,
La pigale,	La mourale,
L'olivière,	La sayerne,
Le bouteillau,	La marseillaise,
L'amellau,	La négrette,
La cornière,	Le redondau.

N. B. La plupart des noms ci-dessus n'appartiennent qu'à quelques parties du département. Les variétés s'y trouvent, mais sous des noms différens.

ÉTAT ACTUEL

De la culture de l'olivier dans l'arrondissement de Narbonne, département de l'Aude;

Par M. Enjalric,

Correspondant du Conseil d'agriculture, adressé à S. Ex. le Ministre de l'intérieur le 31 mars 1821.

Olea prima omnium arborum est.
Columelle.

1°. *État physique ancien et moderne de l'arrondissement de Narbonne.*

Pour répondre d'une manière satisfaisante à S. Exc. le Ministre de l'Intérieur, sur la culture moderne de l'olivier dans l'arrondissement de Narbonne, il convient de lui rappeler son ancien état physique et de faire connaître son état actuel; ce qui nous aidera à démontrer les causes et les effets qui produisent la destruction de l'olivier dans ce pays.

César trouva les Gaules couvertes de bois: depuis cette époque, déjà bien reculée, on n'a cessé d'abattre des futaies. Ces grands et superbes végétaux couronnaient la cime de nos montagnes et nous procuraient des eaux; ils nous défendaient des vents impétueux, des sécheresses ruineuses, des mortalités désastreuses de nos olivières, dont ils étaient les meilleurs abris; car en agriculture les *abris* sont tout, puisqu'ils augmentent à volonté le degré de chaleur nécessaire à la culture de l'olivier.

Les défrichemens n'étaient point alors pratiqués, et nos montagnes boisées étaient des abris naturels élevés par la main de la nature et respectés par nos pères.

Narbonne, le chef-lieu actuel du 3e. arrondissement du département de l'Aude, repose bien encore sur ses anciens et éternels fondemens. Sa latitude est encore de 43 deg. 11′ 13″; sa longitude de 20 deg. 41′ 9″, et cependant son climat, ses cultures ont changé.

La cause déterminante des sécheresses, des inondations, et sur-tout de la mortalité successive des oliviers, tient beaucoup à la position géographique des lieux, il faut donc la décrire ici.

Le bassin du ci-devant bas Languedoc est circonscrit par la chaîne des montagnes qui commence à l'embouchure du Rhône, remonte à Nîmes, de Nîmes à Ganges par le nord, de Ganges redescend au midi par Lodève, Saint-

Pons, Carcassonne, Limoux, Alet, Mont-Louis dans le ci-devant Roussillon, enfin la chaîne des Pyrénées dans la partie la plus méridionale; la mer limite toute la partie d'est.

Et le 3e. arrondissement de l'Aude est au centre de ce bassin; celui qu'il forme en particulier est limité au nord par la montagne Noire ou de Saint-Pons, le pech d'Alaric entre Carcassonne et Narbonne, les montagnes des Corbières et leurs embranchemens, le golfe de Lyon au midi. Il est encore traversé par trois rivières, la Cesse, la Berre et l'Orbieu, qui toutes avaient des eaux pérennes, et dont la dernière roulait des paillettes d'or, ainsi que le prouve son nom (Orbieu ou Bel-Or); enfin par la grande rivière d'Aude, qui prend sa source dans le département des Pyrénées orientales : elle court du sud au nord jusqu'à Carcassonne, et forme un demi-cercle pour suivre la lisière du bassin général du côté des montagnes; prend ensuite sa direction de l'ouest à l'est, et finissait par se diviser en deux branches lorsqu'elle approchait de la mer comme aujourd'hui, mais y parvenait directement par le territoire de Narbonne.

Cette rivière, essentiellement limoneuse, était le Nil de ce pays; ses crues presque régulières fertilisaient toutes nos plaines en les arrosant, et portaient dans toutes nos campagnes la fertilité.

Enfin, le vent de *Cers*, vent dominant de nos contrées, était adoré par nos pères comme un dieu; ils lui avaient même élevé un temple et des autels à Narbonne, parce qu'il balayait les miasmes impurs des marais et des étangs qui entouraient la ville, et rafraîchissait en été ses habitans par les plus douces haleines. Tel était l'état physique du 3e. arrondissement de l'Aude, lorsque l'hiver y fut transporté : *ô quantùm mutatus ab illo !*

2°. *Plantation ancienne, et prospérité de l'olivier dans l'arrondissement de Narbonne.*

L'histoire de l'agriculture française nous apprendra un jour que l'olivier, originaire d'Égypte, a été planté en Grèce, et que la colonie des Phocéens qui s'établit à Marseille, enrichit son territoire d'un arbre qui lui était inconnu avant eux. Marseille envoya ensuite une colonie bâtir la ville d'Agde, et les Narbonnais reçurent les premiers oliviers de ces nouveaux colons leurs voisins : aussi cet arbre naturellement frilleux, étranger à notre climat, y souffre-t-il beaucoup dès que les froids y sont de 7 à 8 degrés. Ces cas, anciennement fort rares, deviennent très-fréquens aujourd'hui (voyez le tableau historique des mortalités d'oliviers ci-joint), et nous sommes au moment de perdre en entier la culture de cet arbre précieux, privilége que nous tenions de la nature et que notre insouciance nous ravit. Cet arbre est cependant, d'après Columelle, le premier de tous les arbres; il tiendra toujours le premier rang parmi les arbres à fruit : aucune huile ne peut être comparée à celle d'olive, c'est l'huile par excellence. Son bois est beau, veineux et madré : les ébénistes, les sculpteurs, les statuaires, l'emploient à faire divers ouvrages (1);

---

(1) L'auteur de ce mémoire, après la perte totale de ses nombreux oliviers, en 1809, obligé d'en couper les troncs, les fit scier et en obtint des chevrons, et sur-tout des planches de trois pieds de long sur un pied de large.

Des ébénistes lui en ont construit des meubles et des tables d'oliviers pleins, de la plus grande beauté, riches d'accidens et veinés de diverses couleurs. On les admire dans son salon. Que serait-ce si les oliviers avaient été coupés vivans?

Cet essai prouve que nous avons en France des bois indigènes supérieurs en dureté et en beauté à ceux que l'on tire à si grands frais de l'étranger, sur-tout au sanguinolent acajou si vanté.

Une académie avait proposé le problème de trouver en France des bois indigènes pour suppléer aux bois étrangers : voilà le problème résolu.

l'émondage de ses rameaux en hiver nourrit les troupeaux; les branches de son tronc brûlent très-bien, quoique vertes. Cet arbre est séculaire et ne meurt jamais sans laisser des héritiers, parce qu'il se multiplie de lui-même par les pousses qui s'élancent de ses racines, de leur collet et de son tronc; mais il craint le froid, son plus cruel ennemi et son seul destructeur, car sans le froid on pourrait donner le nom d'immortel à cet arbre. L'arrondissement de Narbonne, autrefois abrité par les montagnes des Corbières et la montagne Noire, couvertes de grands arbres, ainsi que nous l'avons annoncé plus haut, arrêtaient le froid et les vents impétueux, et favorisaient singulièrement la culture et l'accroissement de cet arbre précieux : aussi sa prospérité fut-elle toujours progressive.

En 1698, M. de Barille, alors intendant du Languedoc, disait, page 260 de ses *Mémoires*, à l'article *Diocèse de Narbonne* (actuellement le troisième arrondissement de l'Aude) : « Il y croît » peu de vin, mais en revanche la récolte » d'huile y est très-abondante. »

En effet, tous les champs, ceux de la plaine exceptés, étaient couverts d'oliviers, et Narbonne était le dépôt des huiles de tous les environs; on y voit encore, dans les principales maisons, des caves où se trouvent de grandes piles ou auges en pierre de taille grise, qui contenaient ces huiles, jusqu'à ce que les muletiers vinssent les charger pour les porter à Toulouse et dans tout le haut Languedoc, avant la construction, en 1667, de son superbe canal de navigation.

3o. *État actuel de la culture de l'olivier dans l'arrondissement de Narbonne, et variétés ou espèces qui ont résisté au froid.*

Depuis le fatal hiver de 1809, la culture de l'olivier dans l'arrondissement de Narbonne n'a cessé de dégénérer. La nature, toujours libérale pour réparer ses pertes, lui refusa même alors de se reproduire par ses rejetons; ce qui obligea les états du Languedoc à accorder au diocèse de Narbonne 13,000 fr., pour se procurer d'ailleurs des pieds d'oliviers. La perte de cet arrondissement fut estimée à 600,000 fr. de revenu en huile. Le découragement fut extrême; on replanta beaucoup d'oliviers, mais tous ne furent pas remplacés.

L'olivier craint et fuit le froid : aussi les plus beaux oliviers du monde sont ceux transplantés d'Espagne dans le Pérou, qu'on trouve aux environs de Lima.

Ceux d'Italie et d'Espagne, étant exposés à ressentir une moins grande chaleur que ceux du Pérou, réussissent moins bien que ceux-ci, et résistent mieux aux frimas que ceux de la côte de la Méditerranée, en France.

Enfin les oliviers de notre étroite lisière, du côté des terres, sont plus petits que ceux de la même espèce du bord opposé, qui est vers la mer, quoique le degré de chaleur qui règne sur celui-là ne soit qu'un peu plus petit que le degré qui règne sur celui-ci.

A cette variété des lieux se joint un fait remarquable, concernant la dispersion des différentes espèces d'oliviers qui sont sur cette lisière.

Elle est divisée en trois parties, relativement à cette dispersion : l'une est comprise entre les départemens du Var, des Bouches-du-Rhône, du Gard et de l'Hérault, sur laquelle il y a huit à neuf espèces d'olivier, entremêlées en général sans distinction.

La seconde, qui suit, est interposée entre la rivière de l'Hérault et le département des Pyrénées-Orientales ; ce qui comprend la partie orientale du département de l'Aude, c'est-à-dire l'arrondissement de Narbonne, qui n'a presque qu'une espèce d'olivier appelée *oulibiéro*, l'olivière (*olea angulosa*, Gouan). Cette espèce est la plus communément cultivée dans les territoires des communes qui environnent Narbonne, parce qu'elle résiste mieux au froid auquel cette partie de la côte est la plus sujette. Le fruit de l'olivière tient à un long pédoncule; il est gros; sa peau est rougeâtre, piquetée de points moins colorés; sa chair est molle; ses feuilles peu nombreuses, proportion gardée, avec les autres espèces. Elles sont longues, ordinairement pointues, quelquefois arrondies par le haut; l'arbre devient gros, et il travaille beaucoup en branches et en rameaux.

Dans quelques endroits, on nomme son fruit *laurine*, et on le confit.

Columelle avait observé que celle qu'il appelle *sargia* avait les mêmes avantages que nous trouvons dans l'olivière.

Enfin, la troisième partie est le département des Pyrénées-Orientales, qui est riche de sept à huit espèces, et dont les oliviers ont résisté en grande partie à l'hiver de 1709, et vivent encore, tandis que tous périrent dans les deux autres parties.

C'est donc aux frimas que nous devons attribuer l'inégalité que nous voyons dans la dispersion des espèces de nos oliviers : en effet, les vents d'ouest, nord-ouest, règnent avec tant d'impétuosité sur l'arrondissement de Narbonne, partie intermédiaire, où il n'y a que la seule olivière de cultivée, qui, succédant ou à la pluie ou au verglas, à la neige et aux gelées, agissant ensemble ou tour à tour, sont la cause que certains oliviers périssent entièrement; que d'autres ne perdent que leurs branches et leurs tiges, ou même seulement les extrémités de leurs branches, et que ces effets sont variés selon les combinaisons, la force et la durée de ces intempéries: aussi y essuie-t-on, pendant les temps malheureux, des froids si cuisans, qu'ils sont presque insupportables, par la violence du vent de Cers, *Circius*, devenu un tyran.

Concluons donc que notre lisière, primitivement plantée par les Phocéens, avec confusion et indistinctement de plusieurs espèces d'oliviers, la plupart d'entre elles se sont perdues par la rigueur des hivers, plus grande que dans les lisières latérales, à l'exception de l'olivière, qui nous est restée. Elle doit donc être préférée, soit qu'on veuille faire des plantations où il n'y en a plus, ou dans certains pays qui n'en ont jamais eu, soit enfin parce qu'elle abonde en fruits (il m'a paru davantage) que toute autre espèce, tout le reste étant égal.

Il y a lieu de croire que deux ou trois espèces seulement, qui sont entremêlées, dans cette partie intermédiaire de notre côte, de loin en loin et en fort petit nombre, dont l'une est appelée *moureaude* (*olea precox*, Gouan), ayant résisté aussi aux frimas qui règnent plus fréquemment ici, où elle se trouve beaucoup moins répandue que l'olivière, sont plus vigoureuses que les autres espèces, et moins que celle-ci, et doivent être préférées quand l'olivière manquera.

En général, les oliviers qui ont résisté aux grands froids ne sont pas ceux qui végétaient dans un bon terrain ou amendé, mais bien ceux qui se trouvent sur des coteaux siliceux non abrités, parce que c'est le verglas adhérent aux branches qui a causé toujours leur perte. Les propriétaires de la commune d'Argilliers ont sauvé beaucoup d'oliviers, en essuyant le verglas déposé sur leurs branches; mais cette opération minutieuse, l'*essuyage*, ne peut être générale.

Il est cependant, dans ce pays, un exemple de conservation bon à citer, ce sont les oliviers du territoire de Tuchau. Ces oliviers, abrités par la montagne, ou pech de Tauch dans nos corbières, et plantés dans un territoire à travers lequel des eaux minérales et chaudes circulent sans cesse, ont été les seuls exceptés de la mortalité et des rigueurs des hivers de 1709 et de 1794.

4°. *Causes de la dégénération de la culture de l'olivier dans l'arrondissement de Narbonne.*

Le vent du nord-ouest ou Cers (*Circius*) règne ici avec tant de violence et d'impétuosité que, succédant ordinairement à la pluie, à la neige, aux gelées et au verglas, il est aujourd'hui la cause physique et principale de la mortalité de nos oliviers.

Mais quelle est la raison de cette funeste température? Il me paraît qu'on doit l'attribuer à ce que ce vent, passant sur le sommet des montagnes des Pyrénées, qui sont presque toujours couvertes de neige, parcourt la vaste plaine dont la ville de Toulouse est le centre, va s'engouffrer en partie entre les deux chaînes de montagnes dirigées de l'ouest à l'est, dont l'une est la montagne Noire, jointe à celle de Saint-Pons et l'autre à celle des Pyrénées. Ce vent trouve sur son chemin ce vaste passage barré en partie par la chaîne des montagnes des Corbières, qui prend racine à celle des Pyrénées; il devient plus fort à mesure qu'il s'échappe des défilés formés entre plusieurs autres montagnes moins hautes et des collines situées sur ce passage.

Les causes administratives de la mortalité de nos oliviers proviennent du vice de nos lois. Nous avons prouvé que les abris, tels que les montagnes et les arbres dont elles étaient couronnées, protégeaient nos oliviers. Ils n'existent plus, parce que nous avons facilité, hâté même leur abaissement et leur destruction. En Languedoc, elle a été plus rapide qu'ailleurs, par l'ouverture du canal du midi, qui cependant ne date que de 1667; mais elle a nécessité l'emploi considérable des plus beaux bois pour les flèches de ses portes d'écluses, leurs ventaux, et sur-tout leur entretien; ils ont toujours été pris sur la montagne Noire, qui nous défendait autrefois des vents de nord-ouest. La vente des biens nationaux et la loi sur le partage des patrimoines a fini par détruire tous les bois qui nous restaient pour abris.

Enfin Young, dans ses Voyages agricoles en France, classe avec raison le Languedoc dans le district des montagnes : en effet ses plaines sont peu de chose relativement à ses montagnes, et presque tous les pays à coteaux sont en grande partie ruinés, depuis les grands défrichemens provoqués par l'arrêt du conseil d'état du Roi, rendu en interprétation de la déclaration du 13 août 1766, concernant les priviléges et exemptions accordés à ceux qui entreprendront de défricher des landes et des terres incultes. Les sommets de ces pays montagneux étaient garnis de bois et de broussailles; il s'y formait chaque année de la terre végétale; l'eau des pluies, retenue par leurs racines, l'entraînait peu à peu vers le bas et fertilisait le coteau. Aujourd'hui, les eaux coulent comme des torrens, déracinent les pierres, charient les terres bonnes et mauvaises, et le rocher reste à nu. L'ancien Grand-Duc de Toscane avait permis aussi de défricher les coteaux, mais jusqu'à une certaine hauteur. Avant de commencer cette opération, il fallait que le propriétaire *plantât en bois la partie supérieure*; avec une pareille modification dans la déclaration du Roi, on aurait évité la ruine de plusieurs contrées, et diminué une des causes des sécheresses et des mortalités successives de nos oliviers, dont le pays est affligé. Il ne nous reste dans tout l'arrondissement, par les suites de l'hiver de 1820, que la moitié de ceux qui avaient résisté aux mortalités précédentes.

5°. *Moyens de conserver en partie la culture de l'olivier.*

Il ne faut pas se le dissimuler, la culture de l'olivier dans cet arrondissement ne peut plus se rétablir, par le défaut absolu d'abri, ainsi que nous l'avons prouvé. Le tableau historique de la mortalité des oliviers, joint à ce mémoire, démontre encore que depuis 1709, c'est-à-dire dans l'espace d'un demi-siècle, nous avons éprouvé huit mortalités d'oliviers, dont l'intervalle n'a été que de sept années seulement, au lieu que, dans la première période de cent trente-six ans, il n'y a eu que quatre mortalités, dont le terme moyen avait été de trente-trois ans : ainsi cette culture ne peut plus se soutenir, encore moins s'augmenter. La nature s'y refuse et se venge de notre insouciance et de la destruction de ses bois, et de l'abaissement de ses montagnes protectrices, par suite de nos défrichemens inconsidérés.

Nos lois, par la division à l'infini des terres; nos mœurs, par leur singularité; nos goûts, par leurs caprices; nos projets d'irrigation, par les difficultés qu'éprouvent leurs auteurs : tout éloigne en France l'agriculture de la plantation expresse des arbres utiles. Le petit nombre de cultivateurs d'oliviers qui nous restent éprouvent encore de plus grandes difficultés. D'abord les jeunes oliviers, pour réparer leurs pertes, manquent; ils en ont payé jusqu'à 6 fr., parce qu'aucun pépiniériste n'ose perdre son temps à propager cet arbre, il végète trop lentement; ses premières pousses ont besoin de tuteurs, et dans un pays aussi venteux, ils se détruisent mutuellement. Cette rareté des sujets à planter a bien déterminé le Conseil général du département de l'Aude à voter des fonds pour une pépinière départementale d'oliviers; mais ils ont été sinon divertis, du moins destinés à d'autres objets de dépense, et cet essai infructueux n'est pas propre à le déterminer de nouveau à créer des pépinières de cet arbre, qui devraient être placées, non dans le chef-lieu, mais bien à Narbonne.

TABLEAU des sécheresses les plus remarquables qui ont affligé plus particulièrement l'arrondissement de Narbonne.

DATES.	LEUR DURÉE.			INTERVALLE de l'une à l'autre.	NOTES HISTORIQUES.
	Ans.	Mois.	Jours.	Ans.	
1264.	2	»	»	»	Catel, dans son Histoire des comtes de Toulouse, dit : « *anno* 1264, *fuit tanta* » *siccitas ferè per duos an-* » *nos quòd putei et blada* » *et vina defecerunt*, pag. » 170. »
1461.	1	2	11	197	Le même auteur rapporte « *anno* 1460 . *fuit tanta sic-* » *citas quòd à festo om-* » *nium sanctorum usque ad* » *obitum sancti Pauli*, 11 » *decembri* 1462, *non pluit* » *in totâ narbonensi pa-* » *triâ.* »
1677.	1	»	»	116	Jusqu'en 1789 les communes de l'arrondissement de Narbonne ont payé les intérêts des capitaux qu'elles avaient été autorisées d'emprunter par les états du Languedoc pour payer les contributions de cette année 1677 de sécheresse.
1764.	»	9	»	87	Elle fut particulière à Narbonne et sur la lisière de la Méditerranée.
1779.	»	9	»	15	Elle finit heureusement à la mi-mars.
Celles de	»	6	»	»	Ont été très-communes dans cet intervalle.
1817 et 1818.	2	»	»	38	Générale en France, mais plus cruelle à Narbonne.
TOTAL, six Dans	sécheresses 454 ans,			très-remarquables dans l'arrond. de Narb. terme moyen, 75 ans d'intervalle.	

TABLEAU des principales mortalités d'oliviers pendant l'espace de trois cent quarante-quatre ans.

PREMIÈRE PÉRIODE.

ANNÉES.	LOCALITÉS.	AUTORITÉS.	NOMBRE D'ANNÉES d'une mortalité à l'autre.
1°. 1476.	Tous les oliviers du Bas-Languedoc.	*Vid.* l'Hist. du Languedoc, *in-fol.*	
2°. 1507.	Ceux de notre lisière.	Histoire de la ville de Montpellier.	31 ans.
3°. 1518.	Tous ceux d'Italie.	*Vid.* Vétori.	11
4°. 1608, janv. fév.	Ceux de notre lisière.	Histoire de la ville de Montpellier.	90
Tot. 4 mortalités	dans 136 ans.	Terme moyen,	33 ans.

DEUXIÈME PÉRIODE.

ANNÉES.	LOCALITÉS.	AUTORITÉS.	NOMBRE D'ANNÉES d'une mortalité à l'autre.
1°. 1709, janv., fév.	Tous ceux de France;	le Roussillon excepté.	101 ans.
2°. 1749, janvier.	Ceux de Narbonne et de Montpellier.	*Vid.* Barthès.	40
3°. 1755.	*Idem.*	*Idem.*	6
4°. 1766, février.	*Idem.*	*Idem.*	11
5°. 1767 et 1768.	Le long du Rhône.	*Vid.* Labrousse.	2
6°. 1789.	Tous ceux de France,	Roussillon excepté.	21
7°. 1794, an III.	La presque totalité	de ceux de France.	5
8°. 1820.	La moitié de ceux de	l'arrondissement de Narbonne.	26
Tot., 8 mortalités	dans 121 ans.	Terme moyen,	7 ans. *

* Ce nombre est bien le *terme moyen* d'un *demi-siècle*, comme il est dit au paragraphe ; mais ne peut être, ce me semble, celui des *huit mortalités* dans 121 *ans*.

(*Note de M. Bosc.*)

LETTRE

De M. Imbert de Vitry, *secrétaire général de la préfecture du département des Landes, à Son Exc. le Ministre de l'Intérieur, sur la mortalité des oliviers pendant l'hiver de* 1820, *en date du* 20 *juillet* 1821.

Monseigneur,

En m'adressant, le 31 janvier dernier, pour MM. les correspondans du Conseil général d'agriculture, des lettres relatives à la culture de l'olivier et aux moyens de le préserver de la gelée, V. Exc. a daigné me témoigner le désir de connaître mon opinion sur ces questions importantes; elle a voulu que je joignisse mes propres observations aux renseignemens demandés à MM. les correspondans.

Pour être en état de satisfaire, autant que possible, au désir de V. Exc., j'ai dû m'éclairer en consultant les agronomes les plus instruits du département. La difficulté de réunir des documens suffisans, et d'autres obstacles, ont retardé ma réponse fort au-delà du terme que j'avais cru pouvoir assigner pour ce travail. Je prie V. Exc. d'être persuadée qu'il n'a pas dépendu de moi de le lui faire parvenir plus tôt, et d'agréer à cet égard l'expression de mes regrets.

Vous avez désiré, Monseigneur, qu'on indiquât les variétés de l'olivier les plus capables de résister à une température déterminée, par exemple, à 10 degrés de froid. On a dû encore rechercher si telle variété, bien conservée dans certaine localité, ne serait pas la même que telle autre différemment désignée ailleurs. On a dû, enfin, également étudier dans diverses communes les oliviers qui avaient été coupés ou taillés à des époques différentes, afin de reconnaître, après un mûr examen, ceux qui auraient repris le plus de vigueur, les arbres qui annonceraient moins de force et de vie, et ceux qui ayant été coupés, amendés, et taillés à diverses époques, auraient donné les premiers fruits. On constaterait ainsi, s'il est vrai, comme on l'a pensé, que les variétés les moins précieuses de l'olivier sont celles qui résistent le mieux au froid, tandis que les meilleures ont péri.

Parmi les observations qui m'ont été adressées, j'ai distingué trois mémoires rédigés : le premier, par M. *Fontamir*, maire de Peyrac, chef-lieu du canton de Peyrac - Minervois ; le second, par *M. Dessalle*, membre de la Société d'agriculture de Carcassonne, et le dernier, par *M. Pitorre*, médecin, maire de Pépieux, et membre du Conseil de l'arrondissement. Les remarques faites par ces agronomes s'appliquent surtout aux localités qui ont été le théâtre de leurs expériences.

Voici le résultat des observations qui m'ont paru les plus intéressantes à recueillir dans ces mémoires. Je me suis sur-tout attaché à celles que j'ai crues propres à jeter quelque lumière sur les questions posées par V. Exc.

La nature du sol, l'exposition et le mode de culture concourent également à la prospérité de l'olivier. Il ne se plaît guère que dans les terres fortes, à base calcaire, sur-tout lorsqu'elles sont caillouteuses et mêlées de bonne terre. L'exposition au midi ou du moins au levant, à une élévation moyenne, convient seule à cet arbre des climats chauds; il ne redoute pas moins les terrains bas et trop abrités que les terrains montueux ou trop élevés. Dans la première de ces positions, l'arbre, trop bien garanti de l'action des vents, ne peut se dégager du verglas, qui, lorsqu'il tombe par un temps calme, lui est plus préjudiciable qu'un froid sec de 2 degrés de plus. On le voit alors succomber à un froid de 7 à 8 degrés au-dessous de la glace. Placé au contraire à de trop grandes hauteurs, l'olivier y est continuellement battu par un vent violent; les branches en sont meurtries : les bouts, qu'on appelle vulgairement *chimels*, sont lacérés et emportés, et l'arbre périt au même degré de froid, comme on l'a vu en 1789, 1793 et 1820, dans les communes de *Peyriac*, *Mesinville*, *Azille*, et sur-tout dans celles de *La Redorte* et de *Pincherie*, toutes trop exposées aux grands vents. La mortalité des oliviers y a été incalculable; dans les trois premières, le peu d'arbres qui ont résisté languissent et ne sont plus que d'un faible rapport, à peine en subsiste-t-il quelques vestiges dans les deux dernières.

Mais, planté à une hauteur moyenne, l'olivier résiste à une température de 9 à 10 degrés; sa tige y est belle; ses branches s'y étendent majestueusement, en se courbant presque jusqu'à terre; les feuilles y conservent leur belle couleur; le fruit est abondant et la qualité en est bonne. Tels sont en général les oliviers à *Causses*, *à Trausses*, *à Pépieux*, et dans d'autres communes du département de l'Hérault, qui se trouvant à peu de distance de la montagne, sont convenablement abrités.

Il faut donner aux fosses 2 mètres en carré,

et un mètre de profondeur pour favoriser l'expansion des racines à travers une terre neuve et bien élaborée; l'arbre, s'y trouvant à l'aise, y prend une croissance rapide.

Les fosses doivent être faites à la fin de l'automne, afin que les terres que l'on met en contact avec l'air atmosphérique et le soleil aient le temps d'en être bien imprégnées, bien vivifiées pendant l'hiver, et jusqu'au moment où l'on plantera l'arbre.

Quand l'arbre est planté et qu'on remplit de nouveau les fosses, il faut, autant que possible, éviter d'y rejeter les terres qu'on en a extraites : c'est de la terre prise dans le voisinage qu'il faut y porter. Cette terre bien meuble, bien amendée et réchauffée par l'action du soleil, est plus propre à la végétation que la terre crue tirée des fosses.

On doit éviter de transplanter des sujets faibles ou trop jeunes encore; car, dans cet état, le rejeton languit et finit par succomber. C'est du 15 mars au 15 avril, époque à laquelle on n'a à craindre ni le trop grand froid ni les chaleurs, que l'on doit procéder à la transplantation des oliviers.

Ces arbres ne se cultivent que dans la moitié à-peu-près du département de l'Aude, ou dans la partie méridionale de cette préfecture. C'est la contrée la plus rapprochée de l'ouest et du nord où l'on cultive l'olivier; la partie septentrionale du département est la limite où s'arrête cette branche de culture. On connaît en Provence et dans le Bas-Languedoc DOUZE variétés de cet arbre, Gouan en a donné la nomenclature. Dans l'arrondissement de Carcassonne, on n'en connaît que SEPT espèces bien distinctes : les plus productives sont la *verdale*, l'*olivière*, la *picholine* et l'*ameulat* ou l'*amessingue*; ce sont les plus sensibles au froid, comme l'a prouvé l'expérience de tous les hivers rigoureux, et particulièrement celui de 1820. La mortalité des oliviers, pour ces espèces de qualité supérieure, a été à-peu-près D'UN individu sur CINQ. Les qualités les moins productives, le *redondal*, la *moureonda* ou *mourette* à gros fruit, et la *moureonda* (*mourette*) à petit fruit, dite aussi *menudella*, ont beaucoup mieux résisté au froid: ces espèces n'ont souffert que dans la proportion D'UN individu sur QUATORZE. On ne doit donc pas hésiter à les planter de préférence. Au mois d'octobre 1820, M. le maire de Puicherie, ayant visité une grande quantité d'oliviers, s'est convaincu que les meilleures espèces, telles que l'*olivière*, la *verdale*, la *picholine* et l'*ames-*

singue, étaient fort peu chargées d'olives, tandis qu'au contraire les variétés les moins estimées étaient couvertes de fruits et ne se ressentaient nullement des rigueurs de l'hiver précédent. On serait tenté d'attribuer cette susceptibilité des qualités précieuses à la finesse et par conséquent à la porosité de l'écorce, qui la rend plus pénétrable au froid.

Aussi le sauvageon ou olivier sauvage (*olea sylvestris*), qui ne porte point de fruit, est-il l'espèce la moins sensible au froid; on l'a vu récemment, en 1820, ne pas même perdre la fraîcheur de ses feuilles. Sur une plantation d'oliviers appartenant à M. Dessalle existe un de ces sauvageons, dont la grosseur atteste, à ce qu'il croit, un âge antérieur à 1709. En 1816, il le fit greffer sur deux branches avec la grosse espèce, dite *lamellat*; l'arbre n'a pas ressenti la plus légère indisposition à la suite de l'hiver de 1820, et les greffes ont conservé toute leur vigueur. On pourrait peut-être en conclure avec lui *que les variétés les plus délicates, greffées sur l'olivier sauvage, résisteraient encore à un froid* plus considérable que celui de 1820, c'est-à-dire à un froid de plus de 10 degrés au-dessous de la glace.

Cet arbre, ainsi greffé, participerait du tempérament robuste du plant primitif. On pourrait établir des pépinières, où l'on éleverait sur-tout ces espèces greffées; on y planterait en même temps toutes les variétés de cet arbre, afin de pouvoir les comparer, établir une nomenclature exacte, et déterminer, avec une précision rigoureuse, quelles sont les espèces les plus productives, et celles qui sont le moins sujettes à l'action du froid; mais il ne faudrait pas que les jeunes plants vinssent à force d'eau, de fumier et de travail, comme dans les pépinières actuelles. L'expérience a démontré que ces jeunes plants, ainsi élevés, dépérissaient sensiblement quand on les transplantait sur des terres tout-à-fait différentes de celles des pépinières où l'on a commencé à les cultiver.

Cet objet est digne de l'attention du gouvernement et des Conseils généraux des huit départemens méridionaux où l'on cultive l'olivier. Si l'on parvenait à avoir des espèces capables de résister à un froid de 9 à 10 degrés au-dessous de la glace, on rendrait à-la-fois un grand service à l'agriculture et aux manufactures de draps, qui trouveraient de nouveau, dans le midi de la France, l'huile nécessaire pour la préparation des laines; on préviendrait ainsi la sortie de la grande quantité de numéraire que le commerce français est obligé de verser en Espagne, en Italie et dans le Levant, pour se procurer les huiles dont il a besoin.

L'hiver de 1820 paraît avoir démontré, comme on l'avait déjà observé, que les oliviers clair-semés sont plus exposés à périr à la suite des grands froids, et qu'ils réussissent mieux plantés à des distances rapprochées; mais, dans tous les cas, l'olivier qui se préserve le mieux est celui qui est le mieux soigné, et à qui l'on donne l'engrais nécessaire.

Le jeune plant doit être taillé à la troisième année, afin de lui donner la forme la plus convenable. Il faut le tenir dégagé dans son intérieur; car il n'y a guère que les branches du pourtour de l'arbre qui portent fruit, c'est-à-dire celles qui sont constamment exposées à l'action du soleil.

Point de doute que les oliviers, surpris par le froid peu de temps après avoir été émondés ou taillés, ne soient plus fortement atteints. D'abord les cicatrices récentes, produit de ces opérations, rendent ces arbres plus délicats et plus susceptibles du froid et du verglas; en outre, la perte d'une partie des branches, qui, en s'entrelaçant, formaient en quelque sorte une voûte au-dessus de sa tige, la laissant à découvert, elle ne peut manquer d'être plus facilement blessée.

On a observé, en 1820, que la mortalité des jeunes oliviers avait sur-tout frappé les arbres nés sur la souche des sujets atteints en 1789, 1793 et postérieurement. Quelques personnes attribuent la mort de ces arbres à l'état de maladie du tronc sur lequel ils avaient pris naissance. D'autres ont pensé, sans doute avec raison, que les racines ayant poussé à la superficie du sol, et n'ayant pas encore pu plonger bien avant dans le sein de la terre, étaient exposées à être plus tôt et plus directement atteintes par le froid. Le jeune olivier qu'on a transplanté a été, au contraire, enfoui bien avant, et a conservé plus de force et de vie.

A la fin de l'automne, pour garantir le jeune plant des rigueurs de l'hiver, on a coutume d'amonceler à l'entour une certaine quantité de terre, que l'on répand au loin, le printemps suivant, pour travailler de nouveau l'arbre à la bêche, et l'arroser aux époques convenables. Ces opérations se répètent au moins deux, si ce n'est trois ans consécutifs; on abandonne ensuite le jeune plant à la culture ordinaire.

Pour préserver l'olivier des effets désastreux du froid, on emploie l'engrais. Dans quelques cantons, c'est du marc de raisin et du fumier que l'on se sert; mais le meilleur engrais pour l'olivier, celui dont l'effet est le plus durable, ce sont les décombres provenant des démolitions de vieux bâtimens construits uniquement avec du mortier et du plâtre. Il faut néanmoins avoir grand soin de ne pas employer les vieilles corniches peintes qui se trouvent souvent parmi ces débris; car les oxides métalliques (l'oxide de fer excepté) sont mortels à l'olivier. On a vu plusieurs fois, dans le Bas-Languedoc, d'imprudens propriétaires qui avaient fumé leurs oliviers avec des terres provenant des caves où l'on fabrique le vert-de-gris, perdre ces arbres très-peu de temps après les premières pluies. En prenant la précaution de rejeter ces oxides, on ouvre la terre qui recouvre chaque souche, et l'on y introduit de l'engrais de vieux mortiers et de plâtras, que l'on recouvre de terre à la hauteur d'un mètre. Par ce moyen, la gelée pénètre moins au cœur de l'arbre. Cette opération se répète au moins tous les deux ou trois ans; mais, au retour du printemps, il faut retirer la terre ainsi amoncelée, pour empêcher que l'arbre ne pousse trop de rejetons, qui l'épuiseraient, ou trop de racines, qui, serpentant à la superficie du sol, pourraient, l'hiver suivant, être très-nuisibles à l'olivier.

Dans beaucoup d'endroits, on persiste à employer comme engrais une certaine quantité de fumier recouvert de terre, il faut se garder de suivre une telle routine. Ces tas de fumier sont des nids à insectes ; ils attirent, en été, une très-grande sécheresse au pied de l'arbre, et occasionnent la chute des olives long-temps avant l'époque de leur maturité.

Ces préservatifs ont d'ailleurs plusieurs inconvéniens. Ils ne peuvent guère être employés que par de petits propriétaires ayant très-peu d'oliviers ; ils ne garantissent tout au plus que la souche, mais non pas le corps de l'arbre ; ils ne conviennent pas à toutes les espèces, sur-tout au même degré ; il faut beaucoup d'intelligence et une longue expérience pour déterminer la nature et la quantité d'engrais applicables aux espèces diverses.

Si l'on s'en rapporte à l'avis des cultivateurs les plus expérimentés, on sera forcé de convenir qu'il n'y a qu'un seul moyen de garantir l'olivier de l'amoncèlement des neiges et du verglas ; encore ce moyen est-il quelquefois insuffisant.

La neige ne tombe guère, dans le département de l'Aude, que par le vent d'ouest ou par le vent d'est. Il en tombe très-peu par le vent d'ouest, et quand cela arrive, elle est toujours accompagnée d'un si grand vent, qu'il en reste peu sur les arbres; mais il n'en est pas de même lorsqu'elle vient avec le vent d'est. Arrivant alors par un temps calme, il en tombe une si grande quantité, que, s'amoncelant souvent sur les arbres, son poids casse beaucoup de branches. C'est à ce moment que commence le danger; car si le vent d'ouest s'élève, comme il est très-froid, il fixe la neige sur les arbres, et les fait périr, si l'on n'en prévient pas promptement l'effet. Le seul moyen connu à employer, c'est, aussitôt que la neige a cessé de tomber, de réunir le plus d'ouvriers que l'on puisse se procurer, et de les armer chacun d'une longue perche au bout de laquelle on attache un gros balai. On fait alors bien battre l'arbre, tant intérieurement qu'à l'extérieur. On le dégage ainsi des neiges, et on le garantit en grande partie des effets de la gelée. Cette opération, qui doit être faite avec précaution, pour ne pas risquer de blesser l'arbre par des contusions et des cicatrices, est pénible et coûteuse; mais c'est le seul procédé à-peu-près certain que l'on connaisse pour préserver la perte de l'olivier. Cet arbre peut cependant aussi périr sans que la neige ait séjourné sur ses tiges et sur ses feuilles, c'est lorsqu'il se couvre de verglas; ce qui arrive quand, après la pluie, ou lorsque la neige est fondue, le temps passe subitement au froid avant que l'arbre ait eu le temps de sécher.

Cet accident est infiniment plus dangereux que le premier; car le battage, qui est encore le moyen qu'on emploie pour faire tomber le verglas, dégage bien les feuilles et les petites branches, mais il ne peut faire tomber cette croûte de glace qui couvre les grosses branches et le corps de l'arbre. On doit alors faire frapper avec le gros bout de la perche les grosses branches et le tronc, afin de briser le verglas qui les recouvre, et on repasse de nouveau le balai partout, pour en enlever la plus grande quantité possible.

On pensait encore naguère qu'il importait peu de cultiver les plantations d'oliviers à la charrue ou à la bêche. L'expérience a décidé en faveur de cette dernière méthode. On évite ainsi de mutiler le bout des branches qui, pendant de tous côtés, forment des berceaux, et auxquelles se trouve d'ordinaire attachée la majeure partie du fruit. Cette mutilation est l'effet nécessaire du passage successif du bétail attelé à la charrue. Celle-ci d'ailleurs, dans son trajet, brise et entraîne la partie des racines qui rampent à la superficie du sol. C'est sans contredit à la culture au moyen de la bêche, généralement admise aujourd'hui à *Causses*, que l'on doit attribuer la beauté de ses oliviers, sur-tout lorsqu'à cet avantage se joint celui d'une exposition heureuse. Par la même raison, on a renoncé à l'ancien usage d'abattre les olives en battant les branches de l'arbre à grands coups de perches. On les cueille à présent à la main, et l'on s'en trouve beaucoup mieux. Il serait à désirer que cette dernière méthode fût généralement adoptée, le gaulage étant très-nuisible, par ses effets, à la conservation de l'olivier.

Si cet arbre a beaucoup à craindre du froid, il n'a pas moins à redouter les grandes chaleurs. L'été de 1820 a entraîné la destruction des sujets que l'hiver précédent avait laissés dans un état de débilité et de maladie.

Je termine cette notice par l'énoncé des principaux résultats dus aux observations faites sur les effets de l'hiver de 1820: on a remarqué, 1°. que la mortalité s'est plus fait sentir sur les oliviers au-dessus de cinquante ans, que sur ceux d'un âge inférieur; 2°. que la mortalité des jeunes oliviers plantés depuis une douzaine d'années a été plus grande pour ceux qui étaient abrités, que pour les arbres exposés en plein air; 3°. que les oliviers taillés en 1819 et que le froid n'avait pas fait périr, ont bien perdu quelques jeunes pousses, mais n'ont pas paru, en général, plus maltraités que ceux qui avaient été taillés les années précédentes; 4°. qu'en général aussi on s'est trop pressé d'étêter et de couper l'arbre entre deux terres, et que beaucoup d'oliviers qu'on avait crus morts et qui ne donnaient en effet aucun signe de vie, ont émis de nouvelles pousses vers la fin d'août et en septembre. Ils sont en ce moment fort beaux, ce qui doit rendre très-circonspects les propriétaires qui ont des oliviers gelés.

Je ne dois cependant pas laisser ignorer à Votre Exc. l'opinion particulière de M. Pitorre, maire de Pépieux, et auteur de l'un des mémoires qui m'ont servi à rédiger ces observations. Quelque peu satisfaisante qu'elle soit, les soins assidus que donne ce fonctionnaire à une propriété de trois mille oliviers, dont il en a lui-même fait planter deux mille; les connaissances approfondies qu'annonce son travail, rédigé avec talent, sur cette branche de culture, attachent quelque poids à son avis. M. Pitorre ayant observé que le froment périssait à huit degrés de froid ne pense pas, en comparant les deux genres de culture, que l'olivier puisse résister à 10 degrés, à moins qu'il ne fasse point de vent et que l'atmosphère soit dégagé de ces vapeurs humides qui s'élèvent pendant la durée des glaces et qui diminuent la transparence de l'air. Or ces deux conditions se rencontrent très-rarement dans cette région, et sur-tout dans le département de l'Aude, où le vent de nord-ouest (le cers), et le vent de sud-est (le marin ou l'autan), se succèdent presque sans interruption, et soufflent avec une égale violence.

RAPPORT

Fait au Conseil royal d'agriculture, séance du 15 décembre 1821, sur les effets de la gelée qui a frappé les oliviers en 1820, par M. Bosc, *l'un de ses membres.*

Dans la nuit du 11 au 12 janvier de l'année dernière, une gelée qui n'a duré que peu de momens, a frappé de mort une immense quantité d'oliviers, et a plus ou moins endommagé les branches de la presque totalité des autres.

De nombreuses demandes en réduction de l'impôt territorial ont été la suite de ce malheureux événement, qui ruine, pour un demi-siècle, une grande quantité de familles.

Quelques cultivateurs éclairés ont publié des mémoires sur les moyens à employer, soit pour tirer le meilleur parti possible des arbres dont les troncs ont résisté, soit pour rétablir les plantations, au moyen des rejets des variétés plus résistantes.

A la suite de plusieurs rapports faits au Conseil sur ces objets, et pour fixer l'incertitude où entraînaient des opinions discordantes, Son Excellence a été invitée d'écrire à MM. les préfets des huit départemens où se cultive l'olivier, et à tous MM. les correspondans du Conseil des mêmes départemens, pour leur demander de faire connaître d'une manière précise les effets produits par la gelée sur les oliviers, et quelles sont les variétés qui ont le mieux résisté au froid.

Toutes les personnes consultées n'ont point répondu; mais il m'a été remis, à la dernière séance du Conseil, pour lui en présenter l'analyse, un grand nombre de mémoires assez bien développés pour qu'il soit possible de regarder la question comme suffisamment éclaircie.

Je vais mettre sous les yeux du Conseil l'indication des faits les plus marquans que j'aie trouvés dans ces mémoires.

Département de Vaucluse.

M. *Bouquet*, correspondant du Conseil à Apt, mande que le tronc de tous les vieux oliviers a péri, à l'exception de celui de ceux, en petit nombre, dont la végétation était moins avancée, soit parce qu'ils étaient plantés dans un mauvais sol, soit parce qu'ils n'avaient pas été bien cultivés, soit parce qu'ils étaient épuisés par une trop abondante récolte précédente.

L'*aglandau*, ou plant d'Aix, qui avait mieux résisté aux précédentes gelées que les *saurins* et les *verdales*, a succombé comme eux aux effets de celle-ci.

J'observe qu'à Aix et à Marseille l'*aglandau* passe pour être très-sensible au froid.

Comme la terre était couverte de 4 pouces de neige le jour de la gelée, les racines n'ont point souffert, aussi poussent-elles des rejetons très-vigoureux, qu'il ne s'agit, pour réparer les pertes, que de garantir de la dent des bestiaux, par la publication du Code rural, et des froids à venir, par le reboisement des montagnes.

M. *Waton*, correspondant du Conseil à Carpentras, attribue, comme la plupart des autres correspondans, au déboisement des montagnes les effets aujourd'hui plus fréquens et plus désastreux des gelées sur les oliviers. Il ajoute qu'elles agissent bien plus énergiquement sur les arbres empreints d'humidité que sur ceux qui sont secs; que le *verdeau*, la variété la plus cultivée, à raison de l'abondance de son fruit et de la qualité de son huile, la craint plus que les autres; que cette variété a mieux résisté lorsqu'elle se trouvait greffée sur le *poumaou*, autre variété peu productive, qui donne la plus mauvaise huile.

Le *longuettou négré*, autre variété, craint encore moins le froid.

Les autres variétés sont trop peu communes aux environs de Carpentras pour mériter qu'on s'en occupe.

Les chaleurs de l'été qui a suivi cette désastreuse gelée ont porté les derniers coups aux oliviers qui avaient résisté, mais qui, étant affaiblis, n'ont pu en supporter les effets.

Département des Basses-Alpes.

M. le préfet annonce que, quelle que soit la variété, tous les gros oliviers ont gelé, et que parmi les petits les plus mal exposés ont le mieux résisté.

Le correspondant du Conseil, à Forcalquier, M. *Torris*, assure que les pieds jeunes et vieux ont également péri, mais que ceux qui se trouvaient en mauvais sol ont mieux bravé les froids.

Il ne veut pas qu'on répare le mal avec du plant cru sur les souches, mais avec celui provenant des bonnes racines, ce en quoi je suis d'accord avec lui.

Les oliviers sont peu nombreux aux environs de Sisteron, au dire de M. *Bermond*, correspondant du Conseil dans ce canton, et ils ont moins souffert que ceux de la basse Provence, parce qu'ils n'étaient pas encore en végétation à l'époque de la gelée.

M. *Salvator*, membre de la Société d'agriculture de Digne, est positivement du même avis, puisqu'il remarque que les oliviers placés au nord sont les seuls qui ne soient pas perdus. Il pense, comme M. *Derris*, qu'il faut arracher les souches pour avoir du plant provenant des racines et propre par conséquent à faire de bonnes plantations.

Ce qui est observé dans les lettres précédentes relativement au plus de résistance des pieds plantés au nord, est en parfaite concordance avec la pratique de nos pépinières, où nous voyons les arbres des pays chauds se conserver mieux à cette exposition qu'aux autres; mais aussi ils n'y donnent pas de fruit, et c'est pour le fruit qu'on cultive l'olivier.

Département du Var.

M. le comte *de Drée*, correspondant du Conseil à Grasse, mande à Son Excellence, que quatre à cinq heures de la nuit du 11 au 12 janvier ont suffi pour changer entièrement le sort des habitans de son canton. Le temps avait été doux dans les premiers jours du mois; le thermomètre descendit à 9 ou 10 degrés au-dessous de la glace pendant cette nuit; et le lendemain, à cinq heures du matin, il était déjà remonté à zéro. Ce rapide refroidissement n'a fait périr aucune racine, et s'est fait ressentir avec moins d'intensité, 1°. sur les oliviers plantés sur les coteaux exposés au nord-est, sur-tout lorsque ces coteaux étaient couronnés de bois; 2°. sur ceux qui étaient abrités par des bois; 3°. sur ceux qui étaient affaiblis par une cause quelconque; 4°. sur ceux qui étaient au-dessus de la zone de leur culture ordinaire; 5°. sur ceux qui étaient jeunes.

Des trois variétés cultivées dans son arrondissement le *verrès* a été le plus endommagé.

A la suite d'observations, toutes dans le cas d'obtenir l'assentiment du Conseil, sur les suites de la mort des oliviers relativement aux journaliers, forcés d'émigrer pour gagner leur vie, et aux petits propriétaires, forcés de vendre leur patrimoine à bas prix pour avoir du pain, M. le comte *de Drée* demande que le gouvernement prenne promptement un parti sur le reboisement du sommet des montagnes, reboisement sans lequel la culture des oliviers deviendra complétement impossible à l'avenir, demande déjà faite par M. *Bouquet*.

M. *Jaubert*, ancien avocat, et propriétaire à Caras, le même qui, l'année dernière, avait envoyé au Conseil un mémoire sur la taille des oliviers, adresse à Son Excellence de nouvelles observations, desquelles il résulte que les arbres plantés sur les bords des rivières, et ceux à gros fruit et à huile commune, ont moins souffert que les autres.

Le correspondant du Conseil, pour l'arrondissement de Draguignan, M. *de Gasquet*, qui s'est occupé avec tant de succès de la propagation des oliviers par le semis de leurs noyaux, et qui, l'année dernière, a si souvent éclairé les discussions du Conseil, adresse à Son Excellence de très-sages observations sur les avantages du plant tiré des pépinières, avantages dont je suis entièrement convaincu, et demande que le gouvernement accorde une prime à ces sortes de plants.

Je propose au Conseil de faire imprimer un extrait de ce mémoire, qui, outre l'objet cidessus, est relatif, ainsi qu'une pétition imprimée, qui y est jointe, à la demande d'un dégrèvement sur l'impôt territorial, dégrèvement qui dépend du Ministre des finances, et pour l'obtention duquel le Conseil ne peut que faire des vœux.

Département des Bouches-du-Rhône.

M. *Lautard,* correspondant du Conseil à Marseille, établit que jusqu'au 8 janvier la température a été si douce, que les oliviers sont entrés en sève, et que c'est à cette circonstance, jointe à celle de la neige tombée le 8, qu'est dû le désastre de la nuit du 11 au 12.

Les oliviers des lieux élevés et des mauvaises expositions ont moins souffert que les autres, par la raison qu'ils n'étaient pas aussi avancés dans leur végétation.

Il y a des variétés d'oliviers qui passent pour être moins sensibles au froid que les autres, mais c'est d'un ou deux degrés au plus, et ces variétés ne sont pas plus du nombre de celles qui donnent de la bonne huile que de celles qui en donnent de la mauvaise. En général on ne cultive que de ces dernières dans l'arrondissement de Marseille.

S'il n'y a pas d'aussi vieux oliviers dans ce pays qu'en Italie, en Espagne, en Grèce, etc., c'est qu'ils ont été gelés six fois depuis la désastreuse année de 1709. On a remarqué que les quartiers qui avaient le moins souffert en 1789 ont été les plus endommagés en 1820. Il n'en reste plus un seul pied, vieux ou jeune, intact, de quelque variété que ce soit, dans le climat de Marseille ; mais il en est qui ont résisté, dans un climat plus froid, parce qu'ils n'étaient pas encore en sève.

La taille de l'olivier gelé, quelque avantageuse qu'elle soit, devient souvent nuisible, lorsqu'elle est faite, comme cela arrive presque toujours, par des mains ignorantes.

J'estime que le mémoire de M. *Lautard* est dans le cas d'être imprimé.

M. *de Belleval*, correspondant du Conseil à Aix, est d'opinion que les effets de la gelée ont été plus ou moins funestes selon les variétés et les expositions.

Le *saurin*, ou *plant d'Istrie*, ou *picholine*, est la variété qui a le mieux affronté la gelée dans la propriété de M. *de Belleval*, qui est à quelque distance de Marseille; mais elle y pousse tard et y produit peu de fruit, tandis qu'au bord de la mer elle gèle comme les autres à 8 degrés, et donne d'abondantes récoltes : ce qui prouve que c'est parce qu'elle n'était pas en végétation qu'elle a résisté chez lui.

Il est probable qu'il en est de même des six autres variétés citées.

Peu de troncs d'oliviers ont été sauvés aux environs d'Aix, mais presque toutes les souches ont repoussé.

Ce sont ceux plantés dans une terre légère et peu profonde qui ont le plus souffert, et ceux exposés au couchant ou au nord qui se sont le mieux conservés.

La taille effectuée trop tôt après la gelée a occasionné la mort de beaucoup de pieds, qui se seraient probablement conservés s'y on n'y eût pas touché.

Beaucoup d'autres sont également morts pendant l'été, parce qu'on leur a laissé tous les rejets sortis de leurs souches.

Une ligne d'oliviers plantés dans le mur d'un enclos a résisté, lorsque presque tous ceux de l'enclos sont morts.

Les oliviers atteints du noir, lequel est le résultat des déjections des cochenilles qui avaient sucé leur sève l'été précédent, et les avaient par conséquent affaiblis, se sont également conservés.

A Mouriez, près Arles, on est dans l'usage de butter les oliviers en automne, et cette opération les a presque tous sauvés.

Tous ces faits sont en parfaite concordance Ils prouvent, comme ceux cités précédemment, que moins les oliviers étaient avancés et moins ils ont souffert.

La seconde partie du mémoire de M. *de Belleval* traite à fond de la culture de l'olivier.

Je propose au Conseil de demander à Son Excellence l'impression de l'une et de l'autre.

Département du Gard.

M. *de Servezanne,* correspondant du Conseil à Uzès, établit qu'un tiers des oliviers de la plaine et un huitième de ceux des coteaux ont été anéantis dans son arrondissement.

Ainsi que la plupart des autres correspondans, il a observé que ce sont ceux en état de végétation, ceux le plus humectés par la pluie ou la neige, qui ont été le plus fortement frappés. S'il en est quelques-uns qui aient conservé des branches intactes, ils avaient été affaiblis par une cause quelconque.

Les variétés appelées *véreau*, *boutignac* et *vermillaou*, lui paraissent avoir mieux bravé la gelée dans les lieux où elles se cultivent en grand ; mais il assure qu'elles ont succombé dans ses propriétés.

J'observe au Conseil, 1°. que la dernière de

ces variétés se trouve près de la zone où l'on ne peut plus cultiver l'olivier, le pont du Gard, et qu'elle a dû par conséquent entrer fort tard en végétation; 2°. que la première donne peu de fruits et de la mauvaise huile, qu'ainsi cette remarque n'est pas dans le cas de faire exception.

Les amoncellemens de terre au pied des arbres ne paraissent pas à M. *de Servezanne* un préservatif assuré contre les gelées.

Le mémoire de ce correspondant est dans le cas d'être imprimé.

M. *Lacour la Gardiolle*, correspondant du Conseil au Vigan, mande que, dans son arrondissement, il ne reste plus sur pied que quelques oliviers clair-semés des plus mauvaises variétés, les moins abrités et les plus négligés; fait qu'il attribue, comme les autres, au retard de leur végétation. La meilleure des variétés, le *rouget*, a été si maltraitée, qu'il n'en est pas resté un seul pied dans certaines communes.

Ceux de ces arbres dont le tronc a paru mort ont été recepés, et on a coupé seulement les grosses branches des autres; mais les pousses de ces derniers sont si faibles, qu'on craint d'être obligé de les receper également, ce qui les retardera d'un an.

La culture des oliviers aux environs de Vigan,

ajoute M. le correspondant, ne paraît plus pouvoir être entreprise avec profit, les froids du printemps faisant avorter ses fleurs très-fréquemment : aussi les propriétaires les remplacent-ils par le mûrier, dont les récoltes sont plus sûres et presque aussi avantageuses.

M. *d'Hombres Firmas*, correspondant du Conseil à Alais, reconnaît que les oliviers les mieux exposés ont été les plus maltraités par la gelée; mais il prétend que ce n'est pas parce que leur végétation était plus avancée, mais parce qu'ils ont été subitement saisis par le froid : comme si ceux exposés au nord n'avaient pas été saisis au même moment !

La taille, les labours, les engrais, le buttage, ont, d'après M. *d'Hombres Firmas,* une influence favorable sur la conservation des oliviers.

Les jeunes oliviers provenant de rejetons ou greffés ont presque tous péri, tandis que ceux venus de noyaux n'ont perdu que leurs feuilles. Les arbres les plus vigoureux sont ceux qui ont le plus souffert.

Cinq variétés passent pour avoir été moins endommagées que cinq autres, mais c'est de si peu, qu'on peut croire qu'elles doivent cet avantage à des circonstances étrangères à leur nature.

La chaleur de l'été a fait périr presque autant

d'oliviers que la gelée, parce qu'elle s'est opposée aux efforts que faisait, pour les rétablir, la sève de ceux qui n'avaient été que faiblement atteints.

On pense généralement qu'il est aujourd'hui plus avantageux de spéculer sur la culture de la vigne ou du mûrier que sur celle de l'olivier, et en conséquence on fait peu de plantations de ce dernier. Le gouvernement peut seul retarder leur destruction par des encouragemens et en établissant des pépinières.

M. *d'Hombres Firmas* insiste fortement sur ce dernier moyen, le plus assuré sans doute, mais le plus long.

Quoique quelques parties du mémoire de ce correspondant sortent du sujet spécial, je crois que son impression sera utile.

Département de l'Hérault.

M. *Laur,* correspondant du Conseil à Saint-Pons, regarde le refroidissement incontestable du climat comme rendant aujourd'hui la culture de l'olivier plus chanceuse qu'autrefois.

Tous les vieux oliviers, qui étaient peu nombreux, ont péri par l'effet de la gelée de 1820; mais la plus grande partie des jeunes ont résisté.

Les récoltes d'olives, qui étaient abondantes

tous les deux ans, ne le sont plus que tous les cinq à six ans.

Je fais remarquer au Conseil que Saint-Pons est à la limite de la zone des oliviers, et que là, comme dans les situations semblables, ils doivent moins souvent être atteints par les fortes gelées, mais plus fréquemment dans le cas de la coulure au printemps.

Par-tout, ajoute M. *Laur*, on substitue la vigne à l'olivier.

Une prime pour les plantations d'oliviers serait le moyen le plus convenable pour diminuer la répugnance des propriétaires à spéculer de nouveau sur leur culture.

La liste des six variétés cultivées dans l'arrondissement de Saint-Pons est jointe au mémoire de ce correspondant; elle constate que l'olivier qui donne les meilleures récoltes est celui qui est le plus sensible aux atteintes de la gelée, et que la *mourette* et le *verdeau*, moins estimés, y résistent mieux; ce qui est en concordance avec les observations des autres correspondans.

Les oliviers plantés en mauvais terrains ont moins souffert, observe M. *Laur*, parce qu'ils étaient moins avancés dans leur végétation; il en est de même, ajoute-t-il, de ceux plantés en bonne exposition : ce dernier fait paraît contradictoire, et est en effet en opposition avec les rapports précédemment mis sous les yeux du Conseil ; car les pieds plantés en bonne exposition doivent entrer les premiers en végétation.

Au reste, malgré quelques opinions qui peuvent être susceptibles de critique et qu'il est facile de rectifier par des notes, le mémoire de ce correspondant est très-bon à imprimer.

M. *Coste de Fregeorgue*, correspondant du Conseil à Montpellier, déclare que trois vingtièmes des oliviers de son arrondissement sont morts immédiatement après la gelée, leurs racines n'étant pas assez recouvertes de terre pour échapper à son action ; que trois vingtièmes sont dans le cas de mourir, pour n'avoir pas été rapprochés ; que quatre vingtièmes qui ont été recepés ont fourni d'abondantes repousses ; que huit vingtièmes, rapprochés, sont dans un état satisfaisant de végétation ; que deux vingtièmes sont presque entièrement rétablis.

Ce correspondant s'est empressé de receper ses oliviers fortement atteints par la gelée, et de rapprocher ceux qui l'étaient moins. Il s'est fort bien trouvé de ces opérations.

De toutes les variétés cultivées, le *verdal* est

celle qui a le moins souffert, après elle vient l'*olivière*.

Dans une plantation où les pieds étaient très-rapprochés, ceux à l'aspect du vent ont succombé, et ceux du côté opposé ont peu souffert.

Ce fait, à mon avis, indique la possibilité de garantir les oliviers par des haies hautes, dans lesquelles les pins entreraient en grande quantité.

Il n'y a pas eu de différence d'effets relativement aux positions des arbres, à la vieillesse ou à la jeunesse, à la greffe, etc.; cependant ceux qui étaient creux ont presque tous péri.

On couche ou on coupe les pousses de deux ou trois pieds de haut, venues sur les souches, pour en faire des marcottes ou des boutures.

Les noyaux d'olive ne rendent pas leur variété, et pour le prouver, M. *Coste de Fregeorgue* envoie le dessin d'une de ces variétés produite par le semis de la *mouraude*, laquelle est en effet fort différente; mais ce fait est connu de toute ancienneté, et c'est pour éviter ses conséquences qu'on greffe les oliviers venus de noyaux.

Le mémoire de ce correspondant est complétement dans le cas d'être imprimé.

M. le marquis *de Saint-Maurice*, correspondant à Lodève, observe qu'il n'y a des oliviers que dans une très-petite portion de cet arrondissement, et qu'ils ont peu souffert en comparaison de ceux des arrondissemens plus voisins de la mer; ce qui est conforme à ce qui a été remarqué dans plusieurs autres endroits.

Il confirme le fait déjà cité, qu'il est mort pendant l'été, par l'effet de la sécheresse, beaucoup de pieds qu'on avait crus sauvés, parce qu'ils avaient poussé quelques bourgeons.

Département de l'Aude.

M. le préfet envoie un très-bon mémoire sur la culture de l'olivier, rédigé d'après des documens fournis par trois agriculteurs distingués.

Il faut à cet arbre une exposition chaude, une terre forte et caillouteuse, une élévation moyenne; dans la plaine, il succombe à un froid de 7 à 8 degrés. Ceux au-dessus de cinquante ans sont plus sensibles à ce froid que les jeunes.

Des sept variétés qui se cultivent dans le département, cinq sont plus productives et plus sensibles aux gelées. Il en a péri un pied sur cinq, les deux autres n'ont péri que dans la proportion d'un individu sur quatorze. Ces dernières ont donné, en 1820, une très-bonne récolte.

Les sauvageons n'ont presque pas souffert, ce qui porte M. le préfet à croire qu'il serait avantageux d'en former des pépinières pour les greffer, opinion que je partage; car il est d'expérience, et M. *Thouin* ne le démentira pas, que les arbres délicats, greffés sur des sujets robustes, résistent davantage.

Les pieds isolés ont mieux bravé la gelée que ceux abrités.

Ceux qui ont été taillés (probablement rapprochés) ont plus souffert que ceux auxquels il n'avait pas été touché.

Les rejets conservés sur souche ont plus souffert que ceux qui avaient été transplantés.

Lorsqu'on ne fait pas tomber la neige et le verglas fixés sur les branches des oliviers, ces branches gèlent immanquablement.

La grande sécheresse de l'été a achevé de faire périr les oliviers maltraités par la gelée.

Il a paru que la taille anticipée (probablement le rapprochement), dont les branches seules avaient été gelées, a causé beaucoup de pertes.

J'estime ce mémoire dans le cas d'être imprimé.

M. *Enjalric*, correspondant du Conseil à Narbonne, a envoyé un mémoire qui peut être regardé comme un traité complet de la culture de l'olivier.

Il reconnaît que deux variétés, l'*olivière* et la *mouraude*, et que toutes les variétés plantées en mauvais sol, ont moins souffert que les autres. Il n'y a d'exception que pour le territoire de Tuchau, bien abrité et échauffé par des eaux thermales.

La cause générale de la mort des oliviers est, suivant ce correspondant, le déboisement du sommet des montagnes, qui a détruit les abris.

Comme, dans les chances les plus favorables, ces abris ne pourront pas être rétablis avant deux ou trois siècles, il faut renoncer à la culture de l'olivier dans le département de l'Aude, et substituer à l'huile qu'il fournissait au commerce celle des pepins de raisin et celle des graines de coton.

Je ne partage pas son opinion sur la possibilité de cette substitution, du moins en grand.

Trois tableaux sont joints au mémoire de M. *Enjalric*.

Le premier est climatologique, c'est-à-dire qu'il donne, à l'aide d'une carte, des indications sur les vents, les pluies, les sécheresses, etc., dans le département de l'Aude.

Le deuxième indique les mortalités qui ont eu lieu sur les oliviers depuis 1264.

Le troisième fait connaître les emplois dont l'huile de pepins de raisin est susceptible.

Le mémoire de M. *Enjalric* et deux de ses tableaux sont dans le cas de l'impression, les autres sortent de l'objet dont j'entretiens le Conseil.

Département des Pyrénées-Orientales.

M. *Lacroix*, correspondant du Conseil à Prades, est le seul qui ait répondu, dans ce département, à la circulaire de Son Excellence; cependant il eût été bien désirable de connaître l'état des oliviers aux environs de Perpignan, où ils sont si nombreux.

On cultive six variétés d'oliviers autour de Prades.

La plus susceptible de résister aux gelées est le *palma*, encore non décrit; le gros *verdal* est celle qui y est la plus sensible.

Les pieds exposés au midi ont plus souffert que ceux exposés au nord.

Au reste il n'a péri que peu de pieds. Le *verdal* a été taillé court et n'a point donné de fruits; mais il offre beaucoup d'espérance pour l'année prochaine.

M. *Lacroix* attribue la conservation des oliviers de son arrondissement à la sorte de taille qui leur est appliquée, laquelle consiste à couper les branches qui ont porté sept à huit fois du fruit, et à réduire, l'année suivante, à deux ou trois les bourgeons qui ont poussé sur chaque chicot; mais cette taille partielle est repoussée par la théorie.

Telles sont, en substance, les diverses opinions développées par les personnes dont les réponses à Son Excellence m'ont été remises. Le peu de concordance de ces opinions ne me permet pas d'en présenter le résumé au Conseil; cependant il a pu entrevoir que par-tout ce sont les oliviers les moins avancés dans leur végétation à l'époque des 11 et 12 janvier 1820, qui ont le mieux résisté à la gelée, et que toutes les variétés qui ont été indiquées comme plus robustes peuvent, d'après le lieu où elles étaient plantées, être regardées comme s'étant trouvées dans les mêmes circonstances.

Le but de la circulaire de Son Excellence n'a donc pas été rempli, puisque nulle des variétés indiquées ne peut, dans le voisinage de la mer et à une exposition propre à faire espérer de bonnes récoltes au moins tous les deux ans, résister avec certitude à une gelée de 10 degrés;

mais comme dix des mémoires envoyés renferment des idées théoriques et des observations pratiques importantes dont il est bon de donner connaissance aux propriétaires d'oliviers, je suis d'avis que le Conseil engage Son Excellence à ordonner l'impression de ces mémoires, avec quelques notes explicatives, aux frais du gouvernement, pour en distribuer l'édition dans les huit départemens où se cultive l'olivier. Je suis de plus d'avis que, pour satisfaire au vœu émis par la plupart des correspondans désignés plus haut, relativement au reboisement du sommet des montagnes, le Conseil invite Son Excellence à donner suite au projet de M. *Dugiez* à cet égard, projet qui a mérité l'assentiment de tous les amis de la prospérité agricole de la France.

FIN.

TABLE DES MATIÈRES.

FIN DE LA TABLE.

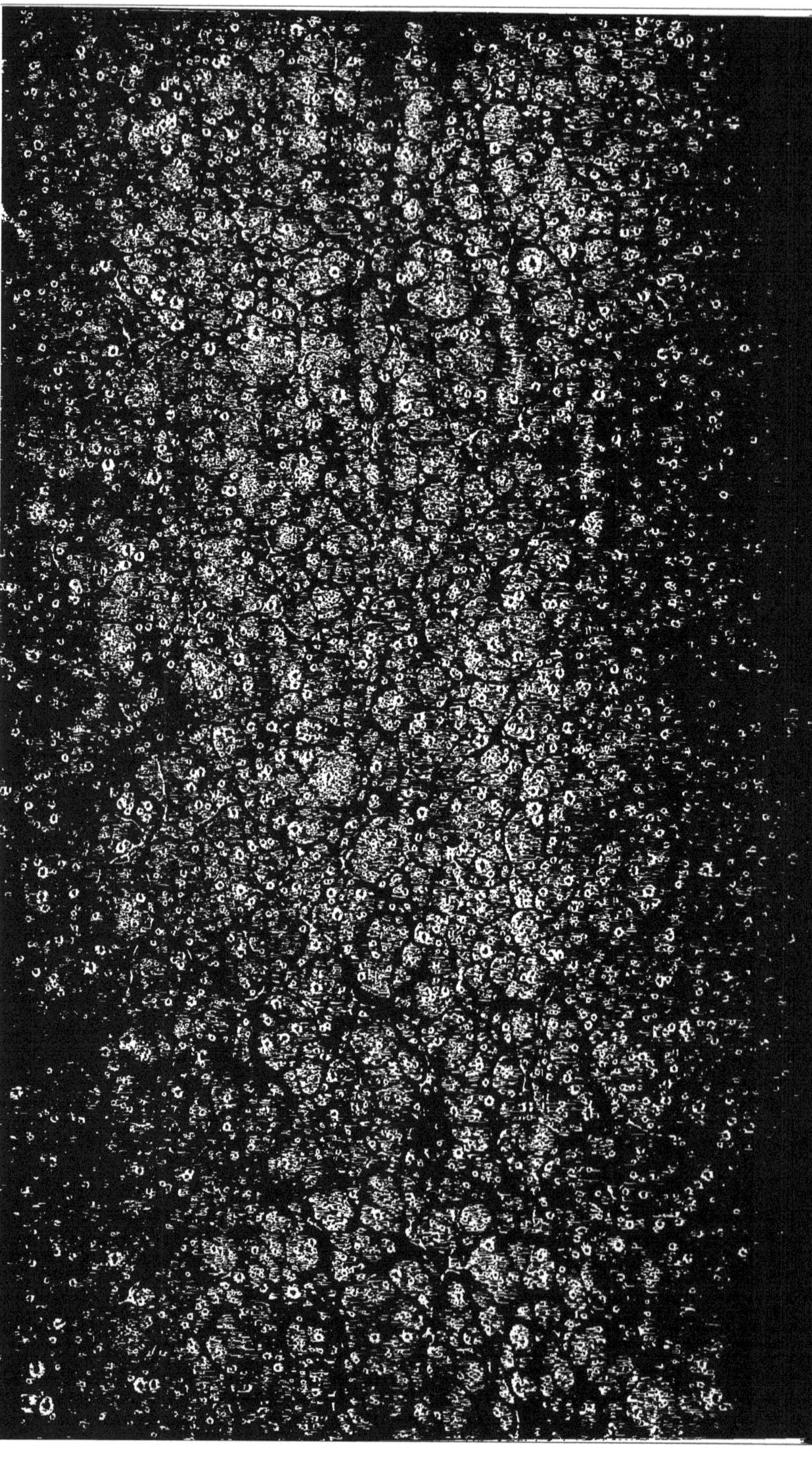

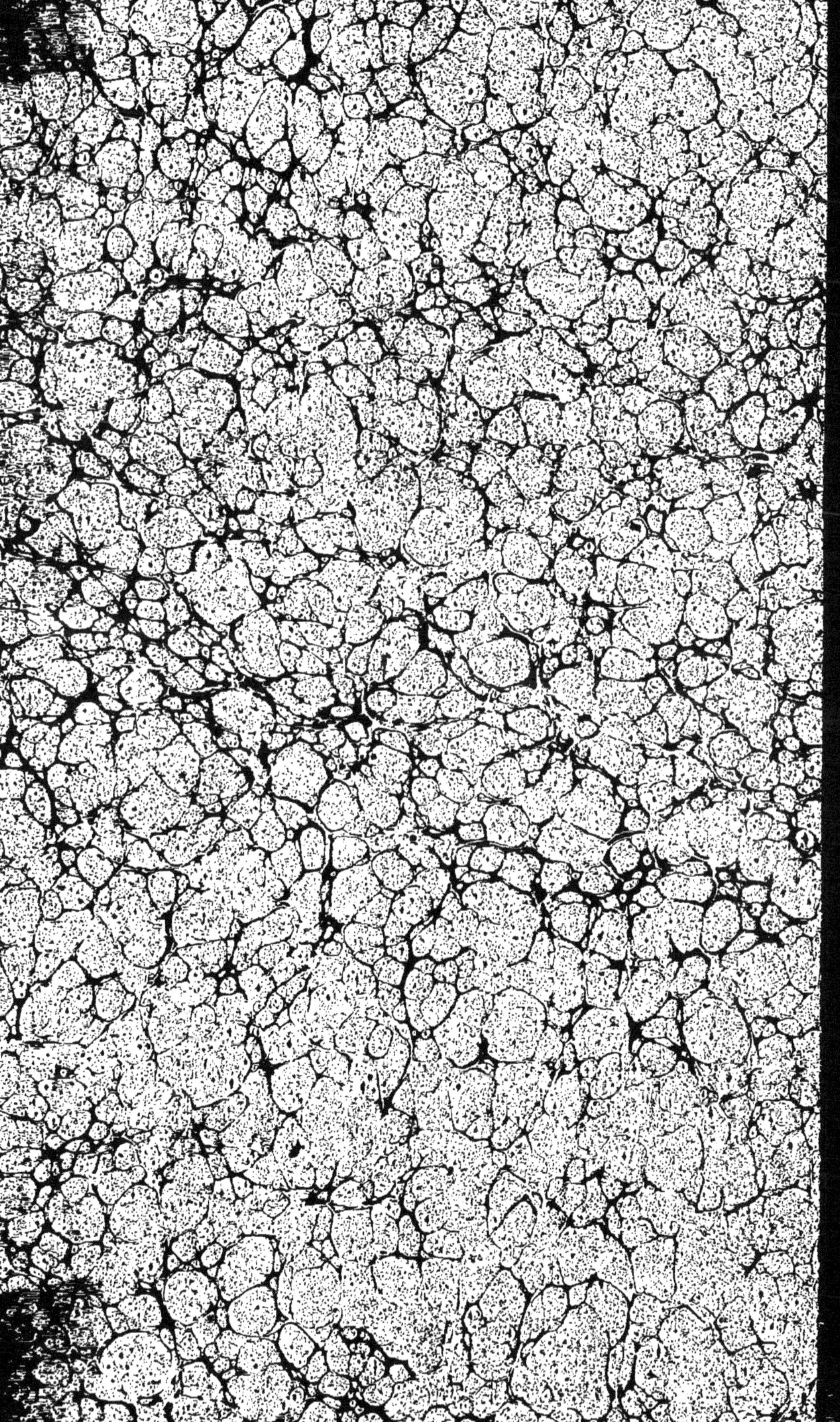

www.ingramcontent.com/pod-product-compliance
Ingram Content Group UK Ltd.
Pitfield, Milton Keynes, MK11 3LW, UK
UKHW021101230726
13926UKWH00004B/1964

9 782014 439281